100案思考

「書けない」「思いつかない」「通らない」がなくなる

橋口幸生
「電通」コピーライター

マガジンハウス

はじめに

「アイデア」は才能ではない。ノウハウである

数あるアイデア本／思考本の中から本書を手に取っていただき、ありがとうございます。

僕は普段、広告会社で働くコピーライターです。広告づくりは「アイデアを出す仕事」だとよくいわれます。確かに商品を有名にしたり売ったりするコピーやＣＭ、イベントなど、広告にはアイデアが欠かせないですよね。

しかし、僕はこうも思います。広告にかぎらず、**そもそもすべての仕事は「アイデアを**

出す仕事」なのではないかと。

仮に、あなたが家電メーカーで働いていたとします。どんな機能が便利で消費者に求められているのか、アイデアを出すことが求められますよね。レストランで働いていたら、メニュー開発やお店のインテリアなど、やはりアイデアが必要です。ホテルで働いていたら、どのようにお客さまをもてなせば喜んでいただけるか、そのつどアイデアが求められます。

「いや、私の仕事はマニュアルどおりに接客することだ」

そう思う人も、いるかもしれません。しかし、マニュアルじたいが、接客のアイデアをまとめたものです。お客さまへのあいさつの仕方、言葉づかいなど、すべて誰かの創意工夫の結果、生まれたものなのです。

役所など、アイデアとは無縁の印象（スイマセン！）の職場もあります。行政手続きや税金のシステムなど、厳密な手続きにのっとって、淡々と処理するだけじゃないか……と思われるかもしれません。しかし、そのしくみは、どこからやってきたのか。自然にわいてきたものではありません。この社会を運営するためにつくられたアイデアと、とらえることもできます（ハンコのように、時代に合わなくなってきたものも増えました。そろそろ新しいアイデアが必要かもしれませんね)。

僕の本業であるコピーライターも、広告の文章を書く仕事というより、**「アイデアを文章として表現する仕事」**だと思っています。

「商品Aは、価格よりスペックを前面に出したほうが売れる。そのためには、○○というキャッチフレーズが有効だ」

すごく大ざっぱにまとめると、このような感じです。

そう、あなたがどんな仕事をしていたとしても、そこには必ずアイデアがあるのです。アイデアを出す能力は、すべてのビジネスパーソンに欠かせません。ましてや今後はAIの普及で、単純な雑用や手続きはすべて自動化されていく……なんていわれています。アイデア出しだけが、あなたが自分のアタマでやる仕事になる可能性もあるのです。

しかし、大きな問題があります。これほど重要であるにもかかわらず、**アイデアを出すノウハウを学ぶ機会が、日本にはほとんど存在しない**のです。

僕の場合、たまたま広告会社に就職してコピーライターになったので、学ぶことができました。しかし、それ以前は、アイデアを少しも理解していなかったのです。

アイデアのワークショップで講師をしていると、かつての僕のような人に大勢出会います。


必死に考えているのに、なにも思い浮かばない。

手元のポストイットは真っ白なまま。

渾身《こんしん》の思いで出した1案も、全然おもしろくない。


彼ら／彼女たちに能力がないわけではありません。それどころか、誰もが憧れる企業に勤めていたり、部署のエースだったりと、かつての僕よりずっと仕事ができる人ばかりです。これまでいいアイデアをひらめいたこともあったでしょう。それでも「アイデアを出せ」とあらためて言われると、みんななにもできなくなってしまうのです。

仕事の現場でも、似たような悩みを抱えている人は大勢いると思います。


会議で、自分の意見が通らない。

「業務の改善案を出してほしい」と言われたけれど、なにを取っかかりにすればいいかわからない。

自社商品の売れ行きはイマイチなのに、似たような他社商品は売れている。

……などなど。しかし、ほとんどの場合、仕事がうまくいかない原因は、あなたの「能力」ではなく、「ノウハウを知らないこと」にあります。

たまたま名案を思いつくのを待っていられない、忙しいあなたのために。**本書では僕がこれまでにつちかった「アイデアを出すためのノウハウ」のすべてを、隠さず公開します。**

こう書くと、

「あー、うちは広告業界みたいなクリエイティブな職場じゃないから関係ない」

「かたくてまじめな仕事だから、そういうのは必要ない」

と言う人も、いるかもしれません。

しかし、先に書いたように、優れたアイデアを出す能力はすべてのビジネスパーソンに欠かせません。本書も、**すべての仕事に役立つ内容**にしたつもりです。

アイデアを出すことは、自分の考えを整理し、わかりやすく伝えることにもつながります。本書のノウハウは、会議やプレゼンで自分の意見を伝えることにも応用できるはずです。

最初に断っておくと、僕はコピーライターとしての才能に恵まれたほうではまったくありません。どのビジネス書の著者も似たようなことを書いているので、またか……と思われるかもしれませんが（笑）、謙遜《けんそん》ではなく事実です。「クリエイター」などというと別人種のように思われることもありますが、まったくの凡人です。就職活動では、今働いている会社以外、すべて落ちてしまいました（実話です……苦笑）。

しかし、十数年以上にわたり現場で働くことができています。ヒット広告をつくったり、賞を獲ったりする企画もありました。**才能があったわけではありません。ノウハウに気づいただけ**なのです。

「名案をうむ魔法」はあるか

アイデア出しのノウハウなんて聞くと、

「これでスラスラと名案を出せるようになるのかな!?」

と、期待されるかもしれません。しかし……、スイマセン！　そうはなりません。というより、僕は名案をスラスラと出せる人を、これまで1人も見たことがありません。

過去には著名なクリエイターと仕事をする機会がたくさんありました。みなさんもテレビや街のどこかで見たことがあるような、超話題作を手がけた人たちばかりです。会議に颯爽《さっそう》と現れ、珠玉の1案をスッとテーブルに出し、みんなが「おお……」とざわめく——そんな仕事ぶりを想像されるかもしれません。

でも、残念ながらそういう場面に出くわしたことは、ほぼありません。

僕自身も、「このアイデアは、ひょっとしたらイケるかな、どうかな」……と手探りしながら仕事をしているのが、正直なところです。


そう、**ポンポンと名案が思い浮かぶようになる魔法は、どこにも存在しない**のです。

身も蓋《ふた》もない話をしてしまいましたが、安心してください。逆に考えれば、それはアイデアに天性の才能はいらない証拠でもあるのです。天才なんて、どこにもいない。みんな努力して、あがいて、必死の思いでアイデアを出しています。

それでは、アイデアを出すノウハウとは、どのようなものなのか。どうやれば妙案を考えられるのか?

答えは簡単。**「数多く出すこと」**です。

……拍子抜けされたでしょうか。「数を出すだけだったら、誰だってできる」と反論されるかもしれません。そう、実際に誰でもできます。

しかし、**みんな、驚くほどこれをやらない**のです。

「アイデアを持ってこい」と言われた人のほとんどは、なぜか「最高の1案」を提出することにこだわります。結果、最高の1案どころか、つまらないアイデアすら出せずに終わるのです。つまらないアイデアすら出せない人に、最高の1案を出せるわけがありません。**最高の1案は、山ほどのつまらない案の中に、ひっそり埋もれている**ものなのです。

新人コピーライターは全員、**「最低100案は書くように」**と指導されます。それ以外にいいコピーを書く方法などないからです。実際、活躍しているビジネスパーソンがすごいのは、アイデアの「質」ではなく「量」にあります。企画会議に辞書のような厚さの、大量のアイデアメモを持参してくる人も珍しくありません。

広告業界にかぎらず、新商品開発や新規事業立ち上げなど、世に出た成功事例も同じこと。一見、完全無欠で華やかな印象を受けます。しかし、そのヒット事例は、大量のボツ案の中から生き残った1案なのです。僕の経験上、これは間違いありません。

「下手な鉄砲も数打ちゃ当たる」ということわざは、アイデア出しの本質をとらえています。とにかくバットを振りまくって、まぐれ当たりでもホームランを打てばいいのです。

幸いなことに**アイデア出しに三振はありません。**いくら空振りしてもアウトにはならないので、安心してください。そして、慣れてくるうちに、1案1案のクオリティが高くなり、「打率」が上がります。

「天才じゃない。センスもない。それでも、アイデアで何事かを成し遂げたい」

そんな、僕と同じ思いをあなたが抱えているのであれば、本書が大きな助けになると信じています。

「100案思考」は、こんなあなたに効きます

◎3日坊主で終わらないアイデア術や思考法を学びたい

◎机に向かうと、とたんに頭が真っ白になる

◎会議で意見を求められても言うことがない

◎アイデアの才能やセンスを伸ばしたい

◎新しい挑戦を、保守的な組織に阻《はば》まれている

◎メモ術に憧れているが、今まで挫折の連続

◎ズボラの自覚がある

◎世間で流行っているもののツボがイマイチわからない

◎自分のアイデアを会議で通したい

◎忙しいので手っ取り早い方法が知りたい

もくじ

1 なぜ「100案」が大切なのか

2 インプットを日常化する「6つの方法」

3 「思考の壁」を突破する「19のスキル」

4 「最高の1案」の選び方

5 実践編「100案思考」でここまで広がる

1

なぜ「100案」が大切なのか

優れたアイデアに共通すること

僕はコピーライターとして働くかたわら、コピーライター養成講座の講師をつとめています。コピーの書き方をひととおり説明したあとは、受講者にコピーの課題をやってもらいます。

「世の中から不倫をなくすためのコピー」
「人種差別反対を訴えるコピー」
など、課題の内容はさまざまです。コピーだけではなく、「新しいビジネスのアイデアを考えよう」といった課題を出すこともあります。

しかし、どんな課題であっても、いいアイデアを出す人には共通点があります。それは、**とにかくたくさん数を出す**ことです。性別や年齢、人柄や雰囲気などはバラバラなのですが、「たくさん出す人」という点は1回の例外もなく共通しています。逆に、**1案しか提出してこない人のアイデアが優れていたことは、ただの一度もありません。**

それでも、ほとんどの受講者は1案、多くて3〜4案しか書いてきません。正確には「書かない」のではなく「書けない」のです。

僕も新人のころは、上司に「100案は考えてくるように」と言われても、まったくできませんでした。100案どころか、3〜4案出たところで頭が固まってしまうのです。手持ちぶさたなのでスマホをいじったり、YouTubeを見たりしているうちに、時間だけがどんどん過ぎていく。結局タイムオーバーで、つまらない3〜4案をそのまま企画会議に持っていくハメになる。そんなくり返しでした。

こうなってしまう理由は簡単。そもそもアイデアとは何かを理解していないからです。あなたも「アイデアとは何か説明しなさい」と言われて、明確には答えられないのではないでしょうか。理解していないだけならともかく、間違った思い込みをしている人が大半のように思います。

アイデアとは何かを理解していないのに、アイデアを出せるわけはありません。

そこで本章では、アイデアの話をする前に、そこにまつわる誤解を解いていきたいと思います。アイデアほど身近なのに誤解されているものはありません。ほとんどの人が必要以上に難しく考え、自分にムダに高いハードルを課しているのです。

この章を読んだあとは「なんだ！　アイデアって、こんなことだったのか」と、気が楽になると思いますよ。

誤解①

いいアイデアだけが、
アイデアである

企画会議で「スイマセン。全然おもしろくないんですけど……」と前置きをしてから自分の考えてきたものを出す人を、しばしば目にします。ここからわかるのは、**いいアイデアだけがアイデアだと思い込んでいる人が実に多い**、ということです。

この本でも「いいアイデアを100案考えよう」なんてことは、ひと言も書いていません。にもかかわらず、ほとんどの人は「100案考えて」と言われると、「いいアイデアを100案考えねば」と勝手に解釈してしまい、身動きが取れなくなってしまうのです。

僕は若いころ、先輩コピーライターに「つまらないコピーも書けないやつに、いいコピーが書けるわけない」と言われたことがあります。このアドバイスはまさに「目からウロコ」でした。それまでの僕は、実力もないのに最高のコピーを書いてやる！　と張り切って、空回りしていたのです。

「そうだ。これは社内会議なんだ。世の中に出すわけじゃない。つまらなくてもいいんだ」

そう思った瞬間、心がふっと軽くなって、コピーをどんどん書けるようになったのを今でも覚えています。

あなたもまず「いいアイデアだけが、アイデアである」という誤解を捨ててください。ありがちだったり退屈だったりしても、アイデアはアイデアです。企画会議では「おもしろくないいんですけど……」なんて前置きはせずに、堂々と提案しましょう。

上司にとっては「最高の案が思いつかなくて、1案しか出せませんでした」というより、つまらなくても大量の提案を出してくれる部下のほうが、はるかにありがたいものです。「この方向はないな」という確認ができるし、今はつまらなくても工夫しだいでおもしろいものに発展していく可能性があります。

誤解②

アイデアとは
「これまでにない
新しいなにか」である

「Ａｐｐｌｅ」のスティーブ・ジョブズのような、アイデア・パーソンに憧れる人は多いと思います。**「ｉＰｈｏｎｅのような、これまでにない新しいもの、オリジナリティのあるもの、誰も見たことのないようなものを思いつきたい！」**そんなふうに考えてしまいがちですよね。

しかし、こうした思い込みも、アイデアの出を悪くする原因です。**そもそも「アイデアとは『これまでにない新しいなにか』である」という考えが間違っています。**

アイデアとはなにもないところからポッと出てくるような、抽象的なものではありません。実は、そこには極めて明確で具体的な定義があるのです。

ここでアイデア本の古典『アイデアのつくり方』（ＣＣＣメディアハウス）の著者ジェームス・Ｗ・ヤングをはじめ、多くのプロが採用している定義を紹介しましょう。

アイデアとは何か？

それは、「既存の要素の組み合わせや、一部を変更したもの」です。

そう、「新しさ」はいっさい必要ありません。

身近にある優れた製品やサービスを分析すれば、すぐにわかります。たとえば、先に例として挙げたｉＰｈｏｎｅを見てみましょう。「電話」や「音楽プレイヤー」、「カメラ」と「インターネット」などを組み合わせたものであることがわかります。**世界を一変させた画期的なアイテムですが、実は、ゼロから生まれた要素はまったくありません。**

本書を電子書籍で読んでいる人もいると思います。これも本を「紙」から「スクリーン」に置き換えただけで、新しい要素は１つもありません。端末に備えられている「しおり機能」や「ハイライト機能」も、紙の本でできることの模倣です。

他の製品やサービスはどうでしょうか。

「ルンバ」は「掃除機」と「宇宙探査ロボ」（発売元の「アイロボット」は、もともとＮＡＳＡや軍事産業向けのロボットをつくっていました）。

「Ｎｅｔｆｌｉｘ」は「レンタルビデオ」と「インターネット」。

『スター・ウォーズ』は「ＳＦ」と「神話」。

「画期的」「斬新」と賞賛されたものであっても、**既存の要素の組み合わせや一部を変え**

ただけであることがわかります。

「0→1」ではなく、「1×1」の掛け合わせ

アイデアの本質を表している例として、名作映画『2001年宇宙の旅』制作時のエピソードを紹介します。

監督のスタンリー・キューブリックと原作者のアーサー・C・クラークは、当初、「人類を進化させた宇宙人」を映像化しようとしていたそうです。

神のような能力を持つ宇宙人なので、「人間が見たこともない姿」をしているはず。そう考えて宇宙人のデザインをはじめたものの、どんなに考えても「見たこともない姿」をイメージすることができませんでした。爬虫類のようだったり、ドクロのようだったり、既存のイメージの枠を1歩も出られなかったのです。迷いに迷って、「ピエロの姿をした宇宙人」というアイデアまで出たといわれています。

結局、「見たこともないものは描きようがない」という結論に達して生まれたのが、誰もが知る「モノリス」の、ドミノのような直方体のデザインです。

それでも『２００１年宇宙の旅』は斬新な映画として大絶賛されました。「直方体」そのものは誰でも知っていますが、それで「宇宙人」を表現した映画は、過去になかったからです。

歴史に残る天才クリエイターであるスタンリー・キューブリックやアーサー・C・クラークすら、「新しいもの」を生み出すことはできなかったのです。僕たち一般のビジネスパーソンにできるわけがありません。そもそも**人に、新しいものを生み出す能力はない**のです。

編集者、ライター、漫画原作者として知られる竹熊《たけくま》健《けん》太郎《たろう》氏は「もしまったく新しいものを思いついたとしたら、思いついた本人以外、誰にも理解できないものになる」と指摘しています。これは映画だけではなく、ビジネスでも変わりません。**「新しいこと」は重要ではない**のです。

ネット上で消費者同士が中古品を売買するというアイデアを、日本で最初に普及させたのは「ヤフオク！」です。しかし、今では後発サービスの「メルカリ」が「ヤフオク！」

を超える成功を収めています。

エンターテイメント業界も同じです。複数のヒーローが集まったチームを初めて世に出したのは「ＤＣコミックス」でしたが、実写映画化して大ヒットさせたのは「マーベル」でした。

その他、オリジネイターではないけれど成功した例は数多くあります。「新しいこと」は過大評価されているのです。そう気づくと、肩の力を脱いてアイデアを出せるようになるのではないでしょうか。

誤解③

アイデアとは、
思いつきや、
ひらめきである

「アイデアを出しているところを絵にしなさい」

……と言われたら、あなたはどんな場面を描きますか？　腕を組んでウンウンうなっている場面でしょうか？　それとも頭の上に電球マークをつけて、ひらめいた！　とガッツポーズを取っている場面でしょうか？

残念ながら、それでは何時間たってもなにも出てきません。アイデアとは待っていれば降りてくるものではないからです。

では、どうすれば出せるのか？　答えは簡単。**「書く」**のです。

メモ用紙でもｉＰｈｏｎｅでも、なんでもＯＫ。とにかく文字にする。そうして初めて思考は、形になります。腕は組むためにあるのではありません。書くためにあるのです。

保育園や幼児教室の先生は、子どもたちに「手を使った遊び」をすすめます。手を使うことは、考えることに直結しているからです。そう思ってみると、積み木やパズルなど、知育玩具は手を使うものが多いですよね。ピアノやそろばんなど、子どもに人気の習い事も同様です。

体を動かすことは、脳を動かすこと

これは僕個人の意見ですが、「思考」とは脳だけではなく、体全体を使ってやる行為なのだと思います。これまで会った優れたクリエイターには、居合抜きやバドミントンなど、体を動かすことを趣味にする人が多くいました。

彼らは「体を動かすと思考がクリアになる」と口をそろえます（この点、筆者はスポーツが嫌いなので、反省するばかりなのですが……）。

運動によって記憶力と思考力を高められることを示す研究は、数多くあります。たとえば、カナダのブリティッシュコロンビア大学で行われた研究では、定期的な有酸素運動を行うことで、言語記憶や学習に関わる脳の領域が大きくなると報告されています。

居合抜きまでいかなくても、「書くこと」だって立派な身体的行為です。腕を組んで悶々《もんもん》とするのは「悩む」ではあっても、「考える」ではありません。

文字にする過程で思考に深さと広がり、ロジックが生まれるのです。書いてみて初めて気づいた、という経験は、あなたにもあるのではないでしょうか。

大切なのは、**「いいアイデアを思いついたら書く」**のではなく、**「頭に浮かんだことはなんでも書く」**ことです。くり返しますが、アウトプットにクオリティは不要です。「下手な鉄砲も数撃ちゃ当たる」を思い出してください。的に命中させたければ、なにより「撃つ」ことが大切です。狙いを定めているだけでは、何時間たっても結果は出せません。

「だけど、〝下手な鉄砲〟ばかり撃っていると、どれがいい玉なのかわからなくなるのでは？」という疑問も出てきますよね。

ご安心ください。

4章では、撃ちまくった玉の中から「おっ、これいいね！」というものを選び出す方法も紹介します。まずは「命中させようとする」ことを忘れてしまいましょう。

誤解④

アイデアの良し悪しは、主観で決まる

「あの曲、全然よくないのに大ヒットしてる。世間はセンスがないな」
「つまらない芸人ばかりテレビに出ている。やれやれ……」
……そんなふうに思った経験は、ないでしょうか。自分の気に入らないものが評価されているのは、気持ちがよくないものですよね。

しかし、世の中はあなたを中心に回っているわけではありません。**あなたにとってどんなにくだらなく退屈なものであっても、ヒットしている以上、なんらかの「よさ」があります。**

当たり前のようですが、よほど意識しないと、人は自分の主観を知らずしらずのうちに絶対視してしまうものです。

かつての僕も、そうでした。

「上司は僕の意見は却下するのに、同期のAの意見は採用する。エコヒイキだ！」
「Bさんの企画なんて全然おもしろくない。それどころか、今までの事例をなぞっただけで、新しいところなんて1つもない。僕の考えたもののほうが、ずっと斬新なのに！」

こんな感じで、いつもイライラしていたのです。評価されているものを腐して、評価されていない自分のプライドを守る――よくいるダメな若手です（笑）。

今ふりかえれば当時の僕は、自分の主観でしかない「好き嫌い」と、仕事における「良し悪し」を混同していました。広告にかぎらず世間で評価されているものには、たとえ自分が「嫌い」であっても、「いい」要素が必ずあるのです。

アイデアの評価は、主観では決まりません。「良し悪し」には、明確で客観的で基準があります。 このことを理解していないかぎり、いいアイデアを出すことは絶対にできません。

「好き嫌い」があることじたいは、なんの問題もありません。むしろ、それはあなたの個性であり、尊重すべきものでしょう。しかし、アイデアを見る際は、いったん「好き嫌い」は脇において、「良し悪し」で判断しなくてはいけないのです。

長い間ダメな若手だった僕がこのことに気づいたのは、社会人4年目のとき。当時ついていた先輩に、コピーの判断基準を教わる機会があったのです。

僕の書いたコピーにひととおり目を通したあと、会議室で「橋口、いいコピーとは、つまり……」と切り出されたときのことは、今でも忘れられません。「言われてみれば、確かに、そのとおりだ！」と迷路から抜け出し、青空を見上げたような気持ちになったものです。

僕が広告業界の登竜門ともいえる東京コピーライターズクラブの新人賞を獲ったのは、このすぐあとのことでした。以降、いくつかのヒット作を手がけることができたのも、すべて、この経験があったからだと思っています。

焦らすような書き方になってしまいましたが、いいアイデアとは何なのかについては、4章で説明するので安心してください。

次のページに、ここまでの内容をまとめておきます。

◉「いいアイデアを100案出す」必要はまったくナシ

そんな天才は、どこにもいない。99案の中に1つ名案があれば、それでOK。

◉オリジナリティはいらない

アイデアとは既存の要素の組み合わせや、一部を変えたもの。「新しさ」や「オリジナリティ」はとりあえず不要。

◉とにかく「書く」

スマホ上でもメモ用紙でもなんでもいいので、ふだんから頭に浮かんだことはすべて文字にする。「MTV」を大成功に導いた伝説的アートディレクター、ジョージ・ロイスも「あらゆることを文章に書け」と言っています。

◉アイデアは主観ではない

何がいいアイデアで、何が悪いアイデアなのか、明確で客観的な基準がある。自分の「好き嫌い」で判断しないこと。

思考をカタチにする「3ステップ」

ここから、いよいよアイデア出しの全体像に進みましょう。

「え、全体像もなにも、つまんなくてもいいから、書けばいいんじゃないの?」

はい、ここまでそう説明してきました。

しかし、ただ紙に向かってやみくもに書くだけでは、100案は難しいでしょう。20〜30案で息が上がると思います。ただ出していくだけでは、この「アイデアの壁」を超えられないのです。

では、どうするか。必要なのは手順を踏むことです。具体的には、次の3ステップに沿って作業を進めることが重要です。

①インプットする
②アイデアを出す
③アイデアを選ぶ

多くの人にとって100案出すことが難しいのは、「①インプットする」をすっ飛ばして、いきなり「②アイデアを出す」に手をつけるからです。個人の頭の中にあるものなど、たかがしれています。まずは外からインプットしなければいけないのです。

また、せっかく100案出せても、その中からいい案を選べないと意味がありません。漫画やドラマのように「おぉ、これだ!」と満場一致で名アイデアが選ばれることは滅多にありません。いい案とダメな案は、意外と区別がつきにくいのです。「③アイデアを選ぶ」方法を理解している必要があります。

順番に説明しましょう。

①インプットする

『アイデアのつくり方』の著者ジェームス・W・ヤングは「広告マンは牛と同じである。

食べなければミルクは出ない」と書いていています。わざわざ本に書いてあるということは、放っておくと広告マンにかぎらずほとんどの人が、絶食状態で特濃ミルクを出そうとすることを意味しています。先述のとおり、アイデアとは**「既存の要素の組み合わせや、その一部を変えたもの」**です。もとになる「既存の要素」がなければ、組み合わせたり変えたりできません。

インプットといっても、大げさに構えることはありません。睡眠時間を削って本を何冊も読んだり、勉強会に出まくったりする必要もありません。本書では、どんなに忙しい人でも簡単に実践できるインプット方法を紹介します。

また、インプットをどう定着させるかに頭を悩ませている人も多いように思います。次々と出版される勉強術の本の内容を覚えるだけでも、ひと苦労です。ここでも、ご安心ください。インプットの定着に特別なルールは必要ありません。

詳しくは2章で説明していきます。

②アイデアを出す

アイデアを出したいというニーズは多く、書店のビジネス書のコーナーでは、数多くの専門書が並べられています。「ＫＪ法」「マンダラート」「マインドマップ」など、手法もさまざま。アイデア出しのためのアプリも多数存在します。

僕もいろいろ試してみたのですが……白状しますと、どれ１つとして長続きしませんでした（苦笑）。最初はいいなと思っても、すぐに飽きたり、面倒くさくなったりして、使わなくなってしまうのです。

「特別な用紙や複雑なルール、アプリなどを使う方法は長続きしない」というのが、僕の結論です。いくらそのやり方がかっこよく見えても、です。

この世界のどこかには、そうしたやり方が肌にあっている人もいるのでしょう。しかし、少なくとも僕のようなズボラ人間には向いていません。それに、**特殊なメモや図を使ってアウトプットしている人を、僕はこれまで１人も見たことがありません。**みなさんのまわりにはいますか？　そういう人……。

本書では僕と同じような「ズボラさん各位」のために、僕が実際に仕事で使っている「書くだけ」の方法を紹介します。なにかを買ったり手順を覚えたりする必要はいっさいありません。絶対に誰でも実践できます。

③アイデアを選ぶ

どんな人でも100案出せば、その中にはいいものが、絶対に1つは含まれています。経験上、これは保証できます。しかし、ここからが問題です。100案の中からその1案を選ぶのは意外と難しいのです。

「ひらめいた!」と思った案を会議で見せると、みんなに苦笑いされた。
逆に、他の人が自信満々で披露した提案が、自分には全然いいと思えなかった。

そんな経験は、誰にでもあるのではないでしょうか。**いいアイデアとダメなアイデアは、意外と区別がつきにくい**のです。

先日、書類を整理していたら、筆者が新人のころに書いたボツ・アイデアの山が出てきました。どれも自信作で、当時は「なんでこれがボツなんだ?」「上司もクライアントも見る目がないなぁ」なんて憤っていた記憶があります。しかし、今の筆者の目から見ると……どれも、悲しいくらいおもしろくなかったのです。これはボツになって当然と、自分でも納得……。

一方、さほど思い入れのない案が「いいね」と上司に評価され、困惑したことも思い出しました。

たくさん数を出したのに、どれがいいのかわからない。これはつらいものです。出口のない迷路に入り込んだような気持ちになります。僕の場合、この状態から抜け出すのに3〜4年はかかりました。

本書を読んでいるあなたには、同じつらさを味わってほしくありません。だから「インプット」と「アイデア出し」だけでなく、アイデアの「選び方」をのちほど詳しく記したいと思います。

ここではアイデアを選ぶ上で前提となる、「アイデアと人格を切り離すこと」について説明しましょう。

日本人は議論が下手だと一般的にいわれますが、その理由の1つに、「アイデアと人格」を同一視していることがあるように思います。相手の意見への批判を、人格批判と同じように考えてしまう。だから、思ったことを言えなくなる。実際、少し批判されただけで感情的になって、「じゃあ、代案を出せ！」と言ってくる人、いますよね。これではいいアイデアを選ぶことなんてできません。

とある著名なクリエイティブ・ディレクターは、コピーにダメ出しをする際、**「君はいいコピーライターだけど、このコピーはちっともよくない」**と言うそうです。これこそがアイデアを選ぶときの基本的な態度です。

人気クリエイターのアイデアはよくて、新人のアイデアはつまらない。そんなワケないですよね。しかし、人格とアイデアの区別ができない人は、しばしばこういう判断をします。アイデアには年齢も性別も人種も関係ないにもかかわらず……です。

現代社会では「差別はよくないこと」とされています。その理由は、倫理的に間違っているからだけではありません。アイデアそのものではなく年齢や性別で判断してしまうと、**悪いアイデアが採用されて、社会全体が損をするから**なのです。たとえば、「女性が考えたいいアイデア」より「男性が考えた悪いアイデア」が選ばれたら、長い目で見れば誰もが損をしますよね。残念ながら、少なからずある話ですが……。

「アイデアと人格」の同一視は、「自分のアイデアはよく見えてしまう病」にもつながります。苦労して出したアイデアは、自分の子どものようなものですから、欠点もかわいく見えるでしょう。他人のアイデアと並べれば、内容と関係なく自分のほうが優れていると思ってしまうものです。

しかし、他人のアイデアが自分のものより優れていても、人間性とはなんの関係もありません。他の誰かがあなたより優れているということでは、「まったくない」のです。誰のものであっても、いいアイデアがその場にあるのなら、ためらわず認めるようにしましょう。

「人格」を切り離すことは、アイデアだけではなく、ビジネスのあらゆる側面で重要です。

「あなたはいいプログラマーだけど、このアプリの仕様は間違っているのでは？」
「あなたは素晴らしい営業マンだけど、今月の成績は思うようにいかなかった。理由を考えてみてほしい」
「彼は優秀な経理担当者だけれど、今回だけは判断ミスだった」

こんなふうに議論できれば、個人にとっても組織にとっても風通しがよく、生産的になれるのはいうまでもありません。

さて、ここまで説明してきたアイデア出しの３ステップを、次のページにまとめておきます。

大まかな全体像がわかったところで、２章では、いよいよそれぞれのステップを解説していきましょう。

①インプットする

アイデアとは既存の要素の組み合わせか、一部を変更したもの。だから、既存の要素をインプットすることが、アイデア出しには欠かせない。

②アイデアを出す

アイデア出しに「質」は無用。必要なのは「量」。最初のうちは、最低100案は考えること。その中には、必ずいいアイデアが混ざっている。つまらないアイデアも出せない人に、いいアイデアは出せないと心得よ。

③アイデアを選ぶ

「好き嫌い」ではなく「良し悪し」で判断する。アイデアと人格を切り離すことも重要。そうして初めて、100案の中からいいアイデアを選ぶことができる。

2

インプットを日常化する「6つの方法」

99%の人が「やらないこと」

大切なことなので、くり返します。アイデアは既存の要素を組み合わせたり、一部を変えたりしたものです。まずはもとになる「既存の要素」をインプットしないといけません。ほとんどの人がすぐに煮詰まるのは、なにもインプットしないで、いきなりアイデアを出そうとするからです。

しかし、インプットを飛ばす人ほど、「インプットをしなくちゃ」と焦っている場合が多いから、皮肉なものです（ちょっと意地悪な書き方になってしまいましたが……）。

「忙しい中、どうやってインプットしているんですか?」
「インプットのために、読むべき本を教えてください!」

講演などで、非常によく聞かれる質問です。まず、安心してください。たとえあなたの毎日がどんなに激務であってもインプットは可能です。睡眠を削ったりして、わざわざ読書の時間をつくる必要もありません。

なぜなら、**すべての時間がインプット**だからです。

「インプット＝勉強」ではない

なぜ多くの人が、これほどインプットに困難を感じているのか。それはインプットと勉強を同一視して、読書しなくちゃ、セミナーなどにも行かなくちゃ……と、思い込んでいるからでしょう。

確かに忙しいときに、インプットだけのために時間を割くのは大変です。短い時間でなんとか詰め込めるようにいろいろな多読法や速読法を試してみたけれど、すべて挫折してしまった。そんな経験がある人も多いのではないでしょうか（僕もその1人です）。

インプットをするにあたり、まずは「インプット＝勉強」という先入観を捨ててください。勉強はインプットの一部でしかありません。**学校を卒業したビジネスパーソンは、インプットという概念を拡大解釈すべき**なのです。

剣豪の宮本武蔵《むさし》は「我以外皆我師《われいがいみなわがし》」という言葉を遺《のこ》しています。人でもモノでもなんでも、自分以外のものはすべて先生である、という意味です。僕はこの言葉こそ、インプットの本質を表していると思います。そう、**目にするすべてがインプットなのです。**

プレゼンのフィードバックで言われた「方向性としてはOK」という、遠回しなNOも。イヤフォンをしていても容赦なく話しかけてくる、デパートの店員も。旅行のときに、羽田空港なのか成田空港なのか、チェックインするまで不安なことも。自分が目を離した瞬間、ゴールが決まるサッカー日本代表の試合も。

あらゆることが貴重な「学び」であり、アイデア出しの役に立ちます。とはいえ、「なんだ、読書しなくてもいいんだ！」と気を抜いて、ただ普通に生活しているだけではダメです。

あらゆる時間をインプットに変えるための方法を説明していきます。

インプットスキル①「観察、観察、観察」

会議前の雑談、友人から来たメール、駅で見た看板などなど。アイデアのタネはあらゆるところに落ちています。些細《ささい》であっても、それはあなた自身が見て、聞いて、感じたこと。**会ったこともない他人が書いたビジネス書より、ずっとアイデアにつながりやすい**のです。

アイデアのタネを見逃さないために、普段から「観察する」という意識を持つようにしましょう。「観察」した瞬間、いつもの風景がインプットに変わります。どんなに忙しくても、これならすぐに実践できるはずです。

しかし、「観察」するのは意外と大変です。僕の場合、自分に初めて子どもができた瞬間、街中にベビーカーや親子用自転車があふれていることに気づいて、驚いた経験があります。逆に言えば、**それまでの僕は見えていなかった**のです。よほど意識しないと、ほとんどの情報は脳をスルーしてしまいます。

そこで、漠然と「観察しよう」と思うのではなく、より注意深く「○○を観察しよう」という具体的な意識を持つようにしてみましょう。僕はコピーライターなので、言葉に注目して、世の中を観察するようにしています。ソーシャルメディアの投稿や友人や家族のちょっとした発言、中吊りや看板の文字など。身近なところに、おもしろい言葉はたくさん転がっているのです。


僕が担当した仕事から、具体例を挙げましょう。「ロッテ」のガーナチョコレート・ローストミルク味の、「ヒキョーな黄色。」というコピーです。

ガーナチョコレートは１９６４年に発売されて以来、今でも人気のロングセラー商品です。みなさんも一度は食べたことがあるのではないでしょうか。おなじみの赤いパッケージはガーナミルクで、ここで紹介する黄色いパッケージはローストミルク味。まろやかな焦がしミルクの香りが口の中に広がる、とてもおいしいチョコレートです。しかし、広告でそのまま説明すると、広告主の一方的なメッセージととらえられてしまいます。「おいしそう」という共感を呼ぶことは難しいでしょう。

そこで「ヒキョーな黄色。」というコピーを用意しました。思わず「ヒキョー」という

ロッテ
「ガーナ ローストミルク味」の広告

「おいしい」という一方的な呼びかけより
「これはヒキョー」という生身の言葉のほうが
受け手は共感できる。

言葉がこぼれるほどおいしい、というわけです。商品の特徴をそのまま伝えるより、リアリティが高まると考えました。

テレビCMではタレントがひと口食べて、そのおいしさに思わず「これはヒキョー（笑）」とこぼす姿を紹介。あわせてツイッターで「#ヒキョーな黄色」というハッシュタグを使ったキャンペーンを行いました。

結果、テレビCMは大反響で、「#ヒキョーな黄色」も拡散。もちろん商品もヒットしました。

実は、この「ヒキョーな黄色。」というコピーは、あるフェイスブックの投稿からヒントを得て書いたものです。

みなさんのフェイスブックのタイムラインにも、友人知人のグルメ投稿が並んでいると思います。おいしいものを食べたり、予約が取れない店に行ったりすると、つい投稿したくなりますね。正直、僕はこの自慢っぽいノリがあまり好きではないのですが……、イヤなものほどついつい見てしまうものです。みんな、楽しそうにしてるなぁ、と印象に残っていました。

そして、しばらく見ているうちに、人はおいしいものを食べたとき、意外と「おいしい」

とは言わないことに気づいたのです。特に「牛肉のウニのせ」のようなメニューには、「ズルい」「これは卑怯」といったコメントが添えられていました。確かに「卑怯」という言葉は、「牛肉」と「ウニ」というおいしいもの同士を組み合わせたニュアンスを絶妙にとらえています。

たたでさえおいしい「ミルク」を「焦がして」、香ばしくする。これは「牛肉のウニのせ」に通じる、絶対おいしくなるやり方です。そこでガーナのコピーに使ってみたところ、うまくいったのです。

なぜ、僕がグルメ投稿の「これは卑怯」というコメントをおもしろいと思ったのか。それは、「きっと多くの人も、同じような気持ちになるんじゃないかな」と気づいたからです。

グルメ写真やかわいい子猫の動画、憧れの美男美女のタレントなど。あざといと知りつつも感情を動かされてしまったとき、「これは卑怯！」と感じる。そして、みんなに共感してほしくて、フェイスブックに書き込んでしまう。これは僕だけではなく、誰にも共通する「普遍的な気持ち」だと思ったのです。

広告コピーの専門書を何十冊読んだところで、「ヒキョーな黄色。」は書けなかったでしょう。僕にとって「観察」の重要さを再認識するきっかけになった仕事でした。仕事に役立つのは、意識の高い名言だけではありません。友人の投稿だって「インプット」になりえるのです。

僕はコピーライターなので「言葉」を観察していますが、他にも無数の切り口があると思います。自分に合ったものを探してみましょう。

たとえばアイデア本の名著『考具』（CCCメディアハウス）では、**「カラーバス」**という観察方法が紹介されています。

やり方は簡単で、ある「色」を決めて風景を眺めるだけです。

たとえば「黄色」と決めて、近所を歩いてみます。黄色信号、小学1年生のランドセル、自販機のジュースなど、それまで気にも止めていなかった、いろいろな黄色が見つかるでしょう。

「お隣さんの植木鉢、きれいなパンジーが咲いたな」なんてことに気づくかもしれません。仕事だけではなく、ふだんの生活にも潤いが生まれそうですね。

期間を決めて、「今週のテーマは〇〇」などと設定してしまうのもいいと思います。

インプット方法は、無限にある!

カラーバスで「色」を探してみる

イチョウ並木が
黄色く
色づいている

タクシーにも
黄色いのがある

そういえば、
お店のロゴも

ソーシャルメディア

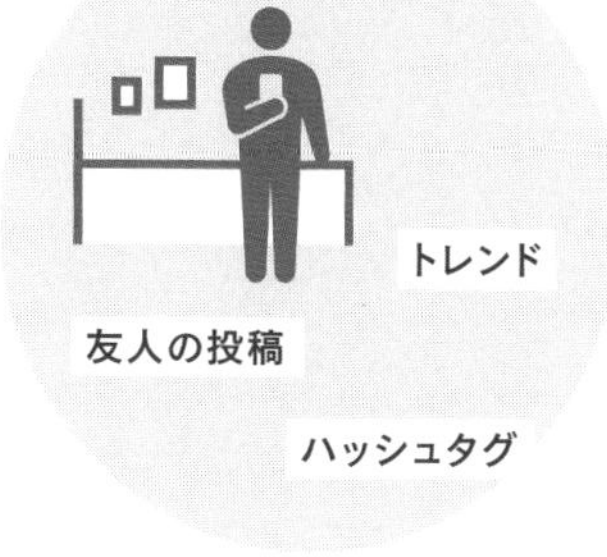

今週のテーマ

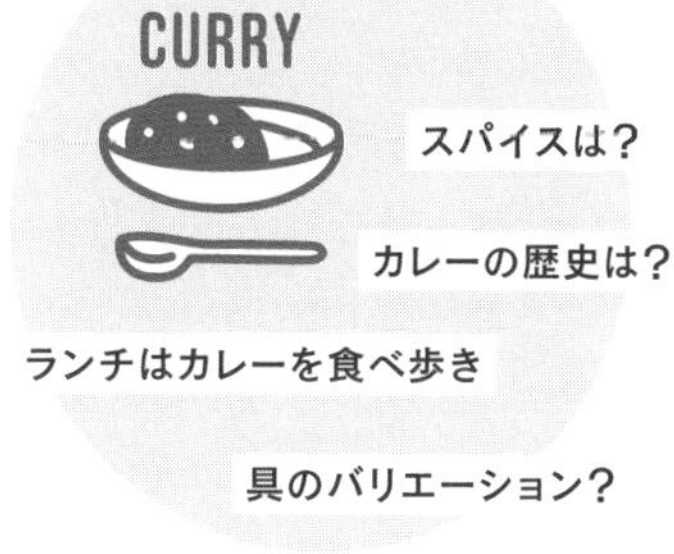

ある知人は、1週間ランチをカレーだけにすると決めて、近所のカレーの店を調べまくりました。カレーといっても、本場のインド風や日本のそば屋のカレー、全然欧風じゃない欧風カレーなど、いろいろあります。調べるうちに、カレーの歴史やスパイスの種類にも詳しくなったそうです。それまではなにを食べても「おいしい」ぐらいしか感想がなかったのが、食の楽しみが広がったと言っていました。

「当たり前」禁止

観察力を身につけるために、もう1つ、大切なことがあります。自分が無意識に「当たり前」だと思っていることを、疑ってほしいのです。

「女性は甘いお酒が好き」
「男性は地図を見るのが得意」
「四季があるのは日本特有」
「結婚して子どもを持つのが一人前」

たとえばこんな例に、思わず「うんうん、そうだよね！」と共感してしまったら要注意です。ちょっと考えれば、すぐに当たり前でもなんでもないことがわかります。あなたの周囲にも、酒豪の女性や方向オンチの男性の１人や２人は、確実にいるはずです。日本人の四季自慢は、しばしば外国人に失笑されています。最後の例は、もはや時代に合っていないですよね。

社会的になんとなく当たり前だとされていることを「それって本当なの？」と疑うのは、面倒で大変な作業です。だからこそ、大きな気づきにつながります。

「女性は甘いお酒が好きなんて、おかしいぞ」と気づいたら、お酒が強い女性のための新商品開発のアイデアが出すことができます。

フェミニストの石川優美《ゆみ》さんは「女性だけが職場でハイヒールを強要されるのはおかしい」という思いから、「#ＫuＴoo」という運動をスタート。日本のみならず世界中から大きな反響がありました。

「なのかな?」をつけてみる

ここで、当たり前を疑うための、便利な言葉を紹介します。

それは、

「○○なのかな?」


です。

先ほどの例で考えると、

「女性は甘いお酒が好き、なのかな?」

「男性は地図を見るのが得意、なのかな?」

「日本だけに四季がある、のかな?」

「結婚して子どもを持つのが一人前、なのかな?」

「なのかな?」をつけることで、社会から押しつけられた「当たり前」を疑うきっかけになるのです。

「当たり前」の裏側には、往々にして「そんなことないぞ」と思う人々がいます。彼ら彼女らのその思いをすくいとることは、爆発的なヒットにつながる場合があるのです。

その例として、かつて「JR東海」が実施した「日本を休もう」という広告キャンペーンを紹介します。

時代はバブル崩壊直前の1990年。「24時間戦えますか」というキャッチフレーズが流行し、猛烈に働くことが美徳とされていました。

そんな中、JR東海は「日本を休もう」というキャッチフレーズで、地方をのんびり旅することを提案したのです。美しい田園風景の映像と原由子《はらゆうこ》さんが歌うBGM曲『花咲く旅路』もあり、大ヒット広告となりました。

「日本を休もう」というコピーの根っこには、「24時間戦えます、なのかな?」という疑問があります。

「激務バンザイ、勤勉バンザイ、稼ぐことバンザイで……それでいいのか?」

「自分たちはスーパーマンではない。とてもじゃないけど24時間戦えないよ」

……と、このコピーを書いたコピーライターは、当時の日本の「当たり前」を疑ったのでしょう。

その疑問に、心のどこかで「もう疲れちゃったなあ」「旅にでも出て、癒やされたい」という、同じ思いを抱いていた人が共感し、大反響となったのです。

「子ども目線」で世の中を見る

よくいわれるように、子どもは観察の名人です。子どもには「当たり前」が存在しないので、すべてに疑問をぶつけます。

「なんで屋根にはアンテナがついているの?」

「なんでプールから上がると、さみしい気持ちになるの?」

「なんでお月さまはついてくるの?」

などなど……。誰もが子どものころは不思議に思っていたのに、いつのまにか「当たり前」として受け入れていることばかり。大きな仕事を成し遂げる人は、成長したあとも疑問を抱く力を高く保っています。たとえばニュートンは**「なんでリンゴは木から落ちるのに、月は落ちてこないんだろう？」**と思ったことがきっかけで、万有引力を発見しました。

僕の場合、自宅でリモート打ち合わせをしていた際、横でパソコン画面を見ていた子どもに「なんで、おじさんしかいないの？」と指摘されたことがあります。確かに……と納得するとともに、なにも違和感をおぼえなかった自分を恥じたものです。

ちなみに、そのときの打ち合せは、特に男性向けの商品やサービスが議題ではありませんでした。もし自分が気づいていれば、「会議のメンバーに男性しかいないのは不自然です。次は○○さんも呼びませんか？」という提案ができたかもしれません。

珍しいものや変わったものをインプットする必要はありません。無理をして旅行に出かけたり、人に会いにいったりする必要もありません。自分の半径50メートルほどの、**むしろ当たり前すぎて見逃している部分にこそ、ヒントがあります。**

「なのかな？」をつけたり、「子ども目線」になってみたり。あなたなりのやり方で「当たり前」を探してみましょう。

自分のまわりの「当たり前」を探してみた

仕事のあいさつは「お疲れさま」

「こんにちは」のほうが
ポジティブになれるのでは？

満員電車で会社に行く

新型コロナが収束しても、
必要なときだけ出社すればいい

夏休みの旅行で大渋滞

同時期にみんなが休みを取るのはおかしいのでは？
海外では祝日が少ないかわりに、自分の好きな時期に休む

居酒屋では最初にドリンクを頼む

お酒で利益を取るビジネスモデルは、
飲まない人に不公平

結婚したら、妻は夫の姓に変える

夫婦同姓は先進国では日本だけ
世論調査でも7割が選択的夫婦別姓に賛成

覚せい剤や大麻に依存するのは犯罪者である

世界的には「病気」として
治療するのが主流になりつつある

インプットスキル②
ツイートでメモれ

さて、あなたが無事、観察力を高めて、「当たり前」を疑うクセがつくようになったら。
日常の中にこれまで見逃していたことがたくさんあると気づくと思います。

ご近所の鉢植えの花は、パンジーが多い。
会議室では、誰が指定したわけでもないのに、毎回みんな同じ席に座る。
10人に1人くらい、マスクを逆さまにつけている人がいる。

……などなど、ちょっとしたことですが、あとから意外となにかの役に立つものです。
こうした気づきは、**必ず文字にしておく**ようにしましょう。

人間の脳みそはハードディスクとは違います。「おもしろい」と感じることがあっても、あいまいな状態にしておくとすぐに消えてしまうものです。観察で発見したことは、文字にしてはじめて定着して、仕事に使えるインプットになります。

文字にすることで、新しい気づきにつながることもあります。たとえば「10人に1人くらい、マスクを逆さまにつけている人がいる」と気づいて、メモしたとします。メモをながめているうちに、見た目ではわかりにくいけれど、マスクの裏表を逆にしている人も多そうだな……と、考えが広がります。特にウレタン素材のマスクは、ロゴや文字が印刷されていないと、上下や表裏がわかりにくいことが多いのかも……なんてことを考えているうちに、マスクの新商品のアイデアが出てくるかもしれません。

「メモは大切」なんて、僕があらためて指摘するまでもない常識です。実際、書店にはメモのノウハウ本がたくさん並べられています。しかし、**次から次へとメモ本が出版されることじたいが、メモを習慣化することの難しさを物語っている**のではないでしょうか。

そもそも、メモ帳とペンをつねに携帯するのは、わずらわしいものです。タクシーや電車内でメモを取りたくなってカバンに手を突っ込んだものの、どこにあるのかわからない。見つかったころには、何をメモするつもりだったのか忘れてしまった……要領が悪く整理整頓《せいとん》も苦手な僕は、いつもそんな感じです。

ビジネス用の独特のメモの取り方や、メモ帳の管理方法を指南する本もありますが、どの程度、実践できている人がいるのかは疑問です。いつでもどこでもメモを取る「メモ魔」であることを自認する知人がいるのですが、彼がその場でパッとメモを取る瞬間を、いまだに見たことがありません（笑）。

そこで**オススメしたいのが、ツイッターです。**日々の観察で発見したおもしろいことを、ツイートにして発信するのです。

つねに手元にあるスマホなら、メモ帳のような持ち運びの手間はありません。満員電車だろうと食事中だろうと、なにかに気づいた瞬間、その場で文字にすることができます。

ツイッターのよさは、文字数を１４０字以内に収めないといけないところにあります。なにも考えずに書くとあっというまに文字数を超えるので、工夫して、短文にしなくてはいけません。当然、フォロワーにとって読みやすい内容にすることも必要です。この過程で気づきを分析するので、より深いインプットが可能になるのです。

メモ帳と違ってリツイートなどの反応があって楽しいので、続けるモチベーションがわくのもポイントです。うまくいくと、バズることもあります。

僕が体験した例を1つ、ご紹介します。

日本生活の長いイギリス人の知り合いと雑談していたときのことです。共通の趣味が音楽だったので「ローリング・ストーンズに『Jumpin' Jack Flash』っていう曲があるよね。どういう意味なの?」と質問してみたのです。

彼はやれやれという表情で、こう返答しました。

「よく、その質問をされるんだけど、おもしろいよね。なんで日本人って、いちいち歌詞の意味なんて気にするの? そんなのイギリスでは誰も考えていないし、気にしていないよ。日本人だって『おどるポンポコリン』の意味なんて考えたことないだろう?」

これにはなるほどと思うとともに、爆笑してしまいました。そこで、ツイッターに投稿してみたのです。

結果、「2・2万リツイート、3・5万いいね!」を記録。僕のプライベートでの初めてのバズとなりました。通知が鳴りやまなくて、あわててオフにしたのを覚えています。

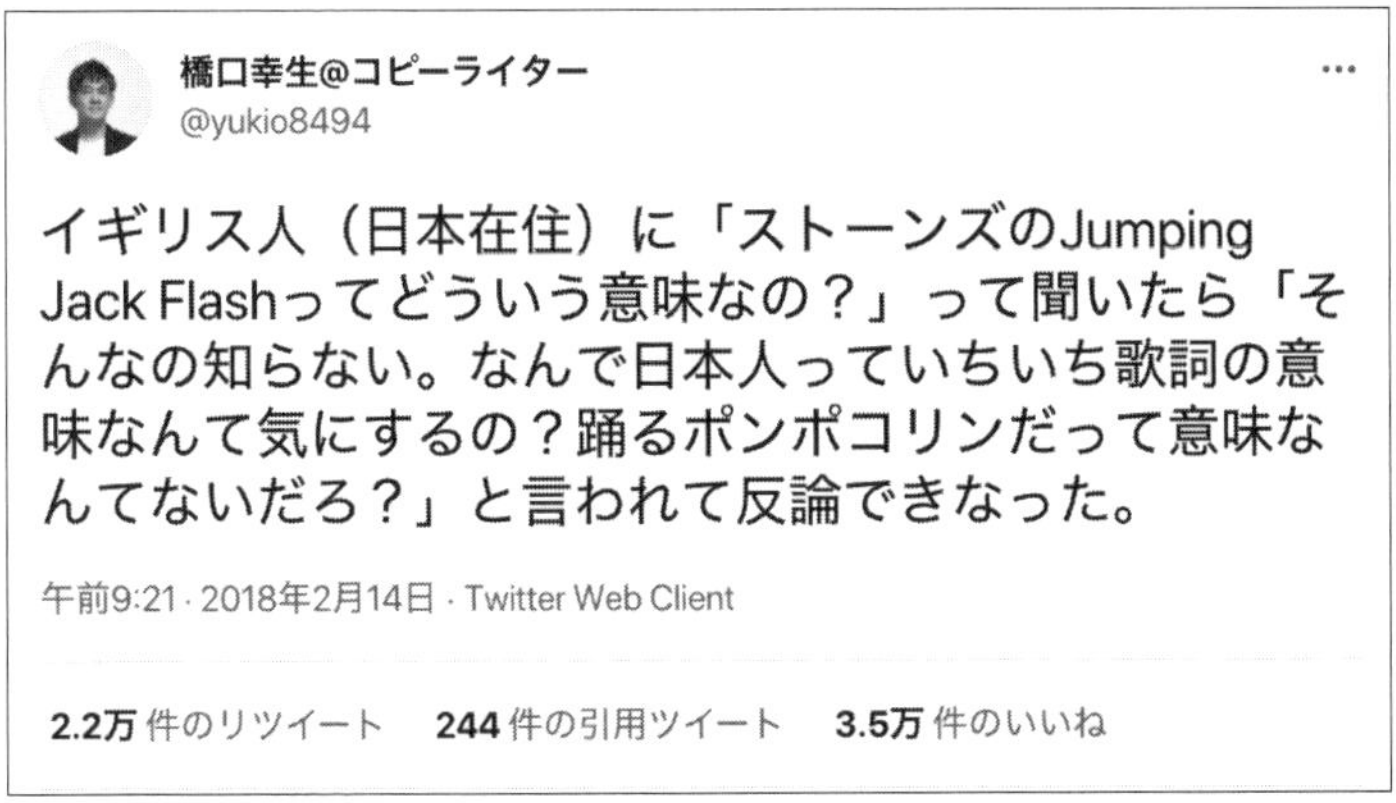

橋口幸生@コピーライター
@yukio8494

イギリス人（日本在住）に「ストーンズのJumping Jack Flashってどういう意味なの？」って聞いたら「そんなの知らない。なんで日本人っていちいち歌詞の意味なんて気にするの？踊るポンポコリンだって意味なんてないだろ？」と言われて反論できなった。

午前9:21 · 2018年2月14日 · Twitter Web Client

2.2万 件のリツイート　244 件の引用ツイート　3.5万 件のいいね

「ハッとしたこと」はその場でつぶやく

以来、僕はちょっと気になることがあったら、ツイートすることを習慣にしています。日常の出来事だけではなく、おもしろい海外広告やビジネス上の気づきなども、すべて１４０文字以内にまとめて投稿するのです。ツイートすることにより思考が深まるだけではなく、記憶に定着しやすくなります。

自分の過去のツイートを検索するときは、「Ｔｗｉｌｏｇ（ツイログ）」という、ツイートをカレンダー形式で表示してくれるツールを使うと便利です。

今では僕のフォロワーは今では1万4千人を超えました。ツイッター由来の仕事や講演の依頼も増えています。

ソーシャルメディアにはさまざまありますが、**アイデアの力を養うという意味で、もっともビジネスパーソンに向いているのがツイッター**だと思います。

今でこそ大手メディアや企業が参入して規模が大きくなっていますが、もともとツイッターは「つぶやき」を気軽に発信するツール。深く考えず、ひとりごとでOKです。忙しくてもスキマ時間に利用できますし、撮影などの手間もありません。許可した人以外からは見られないよう鍵をかけて、純粋に自分だけのメモ帳がわりに使うこともできます。

情報管理に気をつけた上で、ぜひ活用してください！

インプットスキル③
誰かに話す

自分が得た情報は、人に伝えるために編集することで、記憶として定着します。この点では、ツイッターだけではなく、誰かに口頭で話すのも有効です。上司や部下、家族や友人など、同じ内容でも話す相手によって伝え方を変えなくてはいけないですよね。また、打ち合わせや会食など、話したときの状況もセットで覚えておくと、のちのち記憶の定着を助けます。

ここでも、僕の経験した実例を紹介します。

図書館で借りてきた絵本を、子どもたちに読み聞かせをしたことがありました。タイトルは『ツバメのたび　5000キロのかなたから』（偕成社）。ツバメがひな鳥を生むために、遠い外国からさまざまな困難を乗り越えて日本にたどり着くまでの様子を、感動的に描いた絵本です。
リビングで読み聞かせをして、子どもたちと一緒に「ツバメって、すごいね！」と驚いたことが記憶に残っていました。

その後しばらくして、「ＡＮＡ」の広告制作を担当する機会がありました。広告の目的はビジネスクラスの快適さを伝えること。ＡＮＡのビジネスクラスは格付機関から5スターの認定を受けるなど、世界的に評価が高いのです。シートの快適さ、機内食のおいしさ、充実のエンターテイメント設備など、訴求ポイントはいろいろあるものの、そのまま説明しても広告としてはインパクトに欠けます。どうしたものか……と悩むうちに、『ツバメのたび』のことを思い出しました。

ツバメたちが命がけで飛ぶ一方、人間はふかふかのシートに包まれて、機内食や映画を楽しみ、ぐっすり熟睡しながら外国まで行ける。ツバメたちに比べてなんて贅沢なんだろう……と気づいたのです。そこで広告には、次のコピーを使いました。

「人間だけが、時速９００キロで熟睡できる。」

もし僕がどこかでなんとなく、渡り鳥の話を聞いていただけだったら、このコピーは書けなかったでしょう。絵本を詰め込んだ図書館用のトートバッグ、図書館の様子、読み聞かせをしたリビング、子どもたちが見せてくれた驚きの表情。そんなシチュエーション込みで記憶していたから、仕事に活用できたのだと思います。

人に話すことで、インプットをビジネスに活かせる知識として定着できたのです。

記憶するのに話すことが有効なのは、数多くの実験で証明されています。2018年にも、次のような実験が行われました。

被験者たちはまず「ドップラー効果」について説明を受けます。ドップラー効果とは、「音波などの波源と観測者との一方、または双方が媒質に対して運動しているとき、観測者が測定する波動の振動数が静止の場合と異なる現象」です（『大辞林』より引用）。わかりやすい例を出すと、救急車などのサイレンは遠くにいるときは低い音に、近づくにつれて高い音に聞こえるようになりますよね。あれがドップラー効果です。

その後、ランダムに選ばれた一部の被験者たちは、ドップラー効果について別室で他人に説明するように指示されます。このとき、「メモあり」で説明する被験者と、「メモなし」

で説明する被験者に分けられます。

1週間後、被験者たちは再び呼び出され、ドップラー効果についてのテストを受けます。もっとも成績がよかったのは「メモなし」で「他人に話した」被験者たちだったのです。

外国語を学ぶときに、実際に話さないと単語が覚えられないのはこういったしくみです。

情報は、使ってこそ生きてくると心得てください。

インプットスキル④
スマホのメモを使い倒せ

メモを活用したいと思うビジネスパーソンは多く、ちまたにはメモ術の本があふれています。僕もメモに対する憧れがあり、何回も挑戦しているのですが……長続きしたためしがありません。理由は先述しましたが、**メモ帳を持ち歩くのがとにかく面倒で不便だから**です。カバンの中でメモ帳が行方不明になり、どこにあるのかわからない。やっとの思いで取り出したらペンが外れていて、書くことができない。加えて、メモしたくなるときは、人前だったり移動中だったり、書く場所がないことのほうが多いと思います。

当たり前のことを延々と書いてスイマセン。でも、たくさんメモ術の本が出ているのに、こうした根本的な問題について触れているものは見当たりません。みんな、どうしているのでしょうか……。

しかし、そんなメモの才能がない人間でもメモが取れる、画期的なツールが発明されました。そう、iPhone（スマホ）です！　それもデフォルトで備わっている**「メモ」アプリこそ、最強のメモツール**だと僕は思っています。

さまざまな機能が備わっている有料アプリもたくさん出回っていますが、使いこなすのが億劫《おっくう》になって、結局メモしなくなりがちです。最近、iPhoneのメモアプリにも、1行目が見出しとして太字で表示される機能が追加されましたが、僕はこの機能もオフにして使っています（Appleは今後も余計なアップデートをせず、ストイックな仕様のままにしておいてほしいものです）。

僕はiPhoneのメモに、読書で印象に残った箇所からプライベートの思い出まで、なんでも書き込むようにしています。**このとき、カテゴリ分けはいっさいしません。整理整頓しようとした瞬間、面倒でメモしなくなるからです（月ごとに新規メモを立ち上げて分けていますが、それだけです）。**

それにゴチャゴチャのままのほうがインプット同士が結びついて、発想の飛躍につながりやすいと思います。色や表などの機能も使わないほうがベター。とにかくシンプルに保つことが鉄則です。

ただし、たった1つだけ使う機能が、「ナンバリング」です。文章を箇条書きにすると、文頭に「1」「2」「3」……と番号がふられていきます。メモをするほど数が増えるので、楽しくて続けるモチベーションがわきます。ナンバリングは整理するためではなく、メモ癖をつけるためにやるのです

このように僕は日常的にはスマホのメモを愛用しつつ、時間と場所に余裕のあるときだけ、手書きノートを使っています。

頭に浮かんだ内容をすべて書き込むのは不可能なので、自然と必要な情報に絞れるのが手書きのよさです。たとえば打ち合わせやプレゼンなどで、話した内容を備忘録としてまとめるときは、手書きノートのほうが適していると思います。

また、余裕がある日の夜は、お気に入りの筆記用具で日記をつけるのもいいでしょう。あらためて1日の出来事をまとめると意外な発見があるし、心が落ち着くものです。

インプットスキル⑤ あらゆる予定をスケジュールせよ

インプットとは観察のこと。読書などの時間をわざわざ設けなくても、いつもの日常を観察するだけで、十分インプットはできる。これまで、そう書いてきました。とはいえ、読書をするにこしたことはありません。映画や旅行、食事など、プライベートに時間を割いて見聞を広めることも大切です。

おもしろいもので、**多忙な人ほど本をたくさん読んでいるし、映画を観ているし、おいしいお店に詳しい場合が多い**ように思います。天才や大金持ちだって、1日は24時間しかないことに変わりはないのに……。僕にも激務にもかかわらず読書家でグルメな知人がいるので、どうやって時間をやりくりしているのか聞いてみました。すると、彼はこう答えたのです。

「会議やプレゼンだけではなく、あらゆる予定をスケジュールに入れているんですよ」

読書や映画、朝の散歩やジム、バラエティ番組を見ることなど。彼はふつうの人が「暇ができたらやろう」と思っているようなことも、すべてスケジュールを立てていました。そして、仕事をこなすように、1つひとつ消化していたのです。

みなさんがスケジュール帳に入れているのは、会議やプレゼンなど、仕事で人と会う予定だけなのではないでしょうか。「空いた時間で本を読もう」なんて思っていると、永遠に時間は空きません。「日曜の午後2時からこの本を読もう」とスケジュールに入れて、読書時間をつくり出さなければいけないのです。

僕の場合は、読書や映画はもちろん、「考える時間」もスケジュールに入れるようにしています。本来の仕事とは、腰を落ち着けてアイデアを考えることなのに、メールの返信など目先の雑用をこなしていたら夕方になっていた……なんてことは、しばしばありますよね。だから、たとえば午前10時〜11時は「じっくりコピーを書く」とスケジュールに入れて、その間は電話やメール対応も極力避けるのです。考える時間を決め、期限を設定することは、集中力を保つ効果もあると思います。

グーグルやアウトルック・カレンダーの「くり返し機能」を使って、インプットを習慣化することも有効です。

ある売れっ子CMプランナーは「どんなに忙しくても週1回は映画を観る」と決めているそうです。僕もマネをして、毎週水曜日は「映画の日」と決めて（水曜は割引料金で観られる映画館が多いんです！）、カレンダーでくり返し設定しています。

「仕事は楽しく。遊びは厳しく」

僕が新人のころ、研修で言われたことです。今になって、この言葉の重みをかみしめています。多くの人は、他を犠牲にしてでも、会議やプレゼンの予定は守るでしょう。だからこそ、仕事以外の予定も厳しく守り、逆に仕事は義務感でイヤイヤこなさないよう、意識しないといけません。

インプットスキル⑥
調べて、調べて、忘れる

「観察、観察、観察」
「ツイートでメモれ」
「誰かに話す」
「スマホのメモを使い倒せ」
「あらゆる予定をスケジュールせよ」

……という、5つのインプット方法について話してきました。ただ、こうしたインプットが仕事にいつ活きるかは、正直、わかりません。インプットするときは、仕事のことをいったん忘れたほうがいいと思います。

ＡＮＡのコピーを書いたのは、絵本『ツバメのたび　５０００キロのかなたから』を読んでから数年後でした。このコピーのおもしろさは、「渡り鳥」と「ビジネスクラス」という、一見なんの関係もないものをつなげているところにあります。無関係なものがつながるまでには、それなりの時間が必要なのです。

しかし、そんな悠長なことを言っていられない場合もあります。「３日後に企画会議があるから、この本を買ったのに！　どうしてくれるんだ？」なんて方もいるかもしれませんね。ご安心ください。本章の締めくくりとして、**直接仕事に活かせるインプットについて、説明したい**と思います。

たとえばあなたが仕事で「新しいスニーカー」のアイデアを考えることになったと仮定しましょう。最初にやるべきなのは、新しいスニーカーのアイデア出しではありません。まずはスニーカーについて、徹底的に調べることが必要です。

自分がはいているスニーカーや今、お店で人気の商品など、その程度で満足してはいけません。過去の名作からスニーカーの歴史、高値で取引きされているお宝スニーカーのこと、スニーカーのブランドの変遷と特徴、そして「そもそもスニーカーとは何か」まで調べるのです。本当なら、もう調べることがなくなるくらいまでやったほうがいいのですが、そこまで時間が割けないことも多いと思います。

僕の場合は**「調べる：アイデアを出す」**を**「8：2」くらいの時間配分**で取り組んでいます。

多くの人は、対象物について調べずに、いきなりアイデアをひねり出そうとします。だから行き詰まるのです。**8割の時間をインプットに費やせば、まったくアイデアが出ないという状況は、まず起こりません。**

さあ、ぜんぶ忘れていい

ひととおり、インプットスキルについて説明してきました。後はどうアイデア出しに活かすかがわかれば、完ぺきですね。

多くの人は、このようなイメージを抱いているのではないでしょうか（ここでは、あなたが自動車メーカーで働いていると仮定して、説明します）。

クルマの情報についてインプットする
⇩
メモ帳の「クルマ」欄にメモしておく
⇩
後日、新車のアイデアを出す仕事を担当することになる
⇩
メモ帳の「クルマ」欄を開く
⇩
そこに書かれていることを見ているうちに、「そうか！」とひらめく……

読書術やメモ術の本には、インプットした内容を忘れず管理する方法について、多くのページ数が割かれています。確かに、このようにインプットを活用しようと思えば、記録と管理が欠かせないでしょう。

しかし、僕は断言します。**インプットした内容は、忘れても大丈夫。**そもそも人間は「忘れる生き物」です。その生理に反したやり方で最高の案が出るわけがない。そう思いませ

んか。
人間の脳はハードディスクではありません。インプットした情報をフォルダに分け、保存しておいて、都合のよいタイミングで取り出して……なんてことができるわけがないのです。

「重要なのは忘れないことより、インプットの流れを絶やさないこと」です。

僕がかつて仕事をしたクリエイティブ・ディレクターは**「今、見ているものをヒントにアイデアを出す」**と言っていました。そう思って彼の作品を見てみると、前の晩に見たバラエティ番組や、最近ハマっている本など、すごく身近な題材がインプットとして活用されていたのです。

このことに気づいてから、僕は忘れないようにメモを整理したりする努力を、いっさいやめました。メモを取るのも、忘れないためというより、文字にすることで思考のプロセスを明確にするためにやっています。

特別な努力をしなくても、過去のインプットをふと思い出して、仕事に活かせる場合はあります。記録の管理は、先に述べたツイッターやツイログを活用すれば、十分です。

「役に立つこと」がアイデアを殺す

アイデアを考え出すには、まずインプットから。さんざんこう書いてきて矛盾しているようですが、インプットを仕事に役立てようとしてはいけません。仕事を意識した瞬間、視野が狭くなり、インプットの量と質が下がります。

先述のＡＮＡのコピーの例を思い出してください。もし僕が「仕事に役立てるぞ～」と意気込んでいたら、仕事と無関係な子どもの絵本のことなど、すぐに忘れていたでしょう。

「役立つ、立たない」などとチンケなことを考えず、純粋な好奇心でインプットする。

結局、そのほうが仕事の糧《かて》になるし、のちのち生きてくるのです。

「役に立つ、という言葉が社会をダメにしていると思っています」

これはオートファジーの研究で２０１６年ノーベル生理学・医学賞を受賞した大隅良典《おおすみよしのり》

教授の、受賞会見での言葉です。

「この研究を始めたときにオートファジーが必ずがんにつながる、人間の寿命の問題につながると確信していたわけではありません。基礎的な研究はそういうふうに展開していくものだと理解していただければ。基礎科学の重要性を強調しておきたいと思います」

「科学で役に立つということが、数年後に企業化できることと同義語みたいに使われているのは問題。本当に役に立つとわかるのは10年後かもしれないし、100年後かもしれない。将来を見据《みす》えて、科学を1つの文化として認めてくれるような社会にならないかなと強く願っています」

大隅教授の発言は科学だけではなく、ビジネスにもそのまま当てはまると思います。

役に立たなくてもいい。整理整頓しなくていい。忘れてもいい。

くり返しますが、大切なのはインプットの流れを絶やさないことです。

この章で述べた6つのスキルを意識しながら生活していると、「人生の解像度」を高める効果があります。何十冊も速読したり、セミナーに足しげく通ったりする必要はありません。見飽きたと思っていた近所の光景も、注意深く観察すれば、まだまだ新たな発見があることに気づくでしょう。

スマホのメモを見直せば、なにもしていなかったら忘れていたであろう、ささやかながら心動かされた物事が並んでいるはずです。**それこそが、あなたの仕事の足場となる。どんな贅沢より人生を豊かにしてくれる。**

僕はそう思っています。

◉「観察、観察、観察」
「目にするすべてがインプット」と思おう。

◉「ツイートでメモれ」
思いついたことはその場で、全部ツイート。

◉「誰かに話す」
頭の中で温めてはいけない。即アウトプットしよう。

◉「スマホのメモを使い倒せ」
ズボラな僕たちは情報を整理しなくてOK。

◉「あらゆる予定をスケジュールせよ」
「いつかやろう」の「いつか」は、永遠に来ない。

◉「調べて、調べて、忘れる」

重要なのは、インプットの流れを絶やさないこと。

3

「思考の壁」を突破する「19のスキル」

これまでの「思考法」が見落としていること

アイデアとは、既存の要素の組み合わせや、一部を変えたものである。だから、まずは既存の要素のインプットをしなければいけない。

……ということを、ここまで書いてきました。いよいよ本章では、この本のテーマである「100案思考」の具体的な方法について説明したいと思います。

近年、アイデア出しのノウハウとして「デザイン思考」が注目されています。大ざっぱに定義すると「プロのデザイナーでなくてもアイデアを出せるように、デザイナーの思考方法をメソッド化したもの」といえるでしょう。

僕も何回かデザイン思考のワークショップに参加したことがあります。色とりどりのふせんにアイデアを書き出し、ボードにペタペタ貼る。カッコよくデザインされたフローチャートに、考えを埋めていく。確かにクリエイティブな気分が味わえて楽しいものです。異なるバックグラウンドの人々と知的交流ができるので、達成感もあります。

しかし、リアルなビジネスの現場で、デザイン思考をアイデア出しに活用できるかというと、個人的には疑問だと思っています。もちろん、これだけ評価されている以上、メリットは大きいのでしょう。しかし、注意が必要な部分も多々あります。

デザイン思考の問題点は、いいアイデアが出なくても、「やってる感」だけは出てしまうことです。壁一面に色とりどりのふせんが並ぶ光景は、いかにもクリエイティブに見えます。そこに書かれている内容がどんなにつまらないことであっても、高度な知的議論をやり尽くした雰囲気が出てしまうのです。

よくあるフローチャートを埋めていく手法は、さらに問題です。たとえばそこに「競合の強み」「競合の弱み」「自社の強み」「自社の弱み」「消費者のインサイト」……などという欄が並んでいたとしましょう。ありがちなのが、**現実を都合よく解釈して、結果ありきでフローチャートを埋めてしまう**ことです。

フローチャートを順当に埋めた結果、「自社のアイデアは競合に比べて魅力に欠ける。根本的な見直しが必要だ」になる場合だってあるでしょう。でも、そういう客観的な判断が下される場合は多くありません。「自社のアイデアは競合より優れていて、消費者のインサイトも汲《く》んでいる」という、「結果ありき」で空欄を埋めてしまいがちなのです。

アメリカのグラフィック・デザイナー、ナターシャ・ジェン氏も、デザイン思考についてこう批判しています。

「私たちの暮らす現実の世界は、雑然かつ混沌としています。だからこそ、ツールをふせんにかぎってしまうのは問題だと思います」

「デザインシンキングのトークでは理想論や仮説が多く、実例に乏しいと思います。ごくたまに実例が挙がりますが、**本当にこれがデザインシンキングの成果なのかと驚かされる作品が多い**のです」

（AXIS Web Magazine『「デザインシンキングなんて糞食らえ」。ペンタグラムのナターシャ・ジェンが投げかける疑問』）

僕もこの意見に、基本的に賛成です。アイデア出しという、あらゆるビジネスで重要な行為を公式化するという狙いそのものは、間違っていません。ビジネスの現場で、いいアイデアをたまたまひらめくのを待っている余裕はありません。優秀なアイデア・パーソンに頼りっぱなしという属人的な状況も、「誰でも四象限《よんしょうげん》のマス目に当てはめて考えればOK！」などというメソッドがあれば避けられるでしょう。

しかし、現在のデザイン思考は、「それじたいが目的になってしまっている」側面があるのではないでしょうか。

そもそもふせんや独自のチャートを用いるやり方は、多くの人にとって、専門的すぎると僕は思います。先述したとおり、専門のツールを使うやり方は、長続きしないものです。また、アイデアを必要とするのは、デザイン思考を導入できるような一部の先進的な企業だけではありません。

「総務課に置いてあるボールペンの減りが激しいので、なんとかしたい」

「小学校の運動会で、運動が苦手な子も楽しめる新しい競技をやってみたい」

こうした課題をデザイン思考で解決する場面が、僕には想像できません。

本書のノウハウはデザイン思考と違って泥臭いですし、時間もそれなりにかかります。しかし、難しいフレームワークを習得しなくても、誰でも実践できます。予算規模数億円のビッグプロジェクトから商店街のイベントまで、あらゆるニーズに対応できます。専門のツールもいっさい不要です。

しつこいですが、くり返します。そのアイデアの出し方とは**「数多く出す」**。

ただ、それだけです。

アイデアスキル①
質より量

クオリティ度外視で、とにかく100案出す。これは鉄則です。よほどの天才ならいざしらず、なんとなく考えた1案が優れていることなんて、ありえません。

量と質はセットなのです。

僕たちは選抜されて世に出た1案だけを見るので、このことをあまり実感できません。しかし、**いいアイデアの陰には、必ず大量のダメなアイデアが隠れている**ものです。

スティーブ・ジョブズはｉＭａｃをＭａｃＭａｎ（マックマン）という名前にしようとしていた、という有名なエピソードがあります。「ソニー」好きのジョブズらしい「ウォークマン」から拝借したネーミングです。もしｉＭａｃがＭａｃＭａｎとして発売されていたら、その後のＡｐｐｌｅの快進撃があったかどうかは疑問です。

スティーブ・ジョブズですらダメなアイデアを出すのです。**僕たちも安心して、ダメなアイデアをどんどん考えるべき**だと思いませんか。

アイデア出しの時点では、予算やスケジュールなど実現性も度外視してください。100億円かかろうと、ハリウッドのセレブを起用しようと、実現に10年かかろうと、すべてOKです。

最初に出てきたアイデアの幅が、その仕事のリミットになります。最初に予算を10万円に設定してしまったら、実現するのは確実に10万円以下のアイデアになるのです。

たとえば、新しいスマートフォンのアイデアを出すことになったとします。

充電不要で、永久に使えるスマートフォン。
ロレックスとコラボした、ダイヤモンドつきスマートフォン。
象が踏んでも壊れないスマートフォン。
皮膚に埋め込める極少サイズのスマートフォン。

すべてアリです。これなら楽しく、100案考えられそうな気がしませんか？ つまらなくてもいい。実現できるかどうかはあとから考えればいい。とにかく気楽にやればいいのです。

不思議なもので、**よほど意識しないと、人は自分で自分にリミッターをかけます。**無意識に「この仕事は、こんなものだろう……」と決めてかかってしまうのです。こうなってしまうと、いくら考えても、凡庸なアイデアしか出てきません。「充電時間が30分伸びたスマートフォン」のようなアイデアばかり出して、「充電時間が3分伸びたスマートフォン」を世に出すハメになります。

気がきいて空気を読む能力が高い、いわゆる「仕事ができる人」と評価されるタイプほど、自分にリミットをかけがちです。最近は、小さくまとめることをカッコよく表現する「フィジビリティ」なんて言葉も誕生したので、困ったものです。

だからこそ、アイデア出しの時点では、くどいくらい**「クオリティ度外視」「実現性度外視」「数こそすべて」**を意識してください。

会議では、つまらない案やありえない案を、決して批判してはいけません。「どんなアイデアも、アイデアである」という態度で臨まないと、生産的な打ち合わせにならないのです。

アイデアスキル②
ふせん禁止

つまらなくてOK！　予算や納期も無視してOK！

ありえない、バカバカしいアイデア歓迎！

こう言われると、これまで億劫《おっくう》だったアイデア出しが、ちょっと楽しみになってきませんか？　気分が乗ってきたところで、さっそく100案考えましょう！

……待ってください、ひょっとして今、「ふせん」に書こうとしませんでしたか？　ハイ、手を止めてください。**決してふせんにアイデアを書いてはいけません。**

先ほどデザイン思考の実用性に疑問を呈しましたが、アイデア出しと言われて多くの人が連想するのが、デザイン思考的な、色とりどりのふせんを壁に貼る場面だと思います。

そして、それこそがふせんを使ってはいけない理由なのです。

どんなつまらないアイデアも、ふせんに書かれた瞬間カッコよく見えるし、クリエイティブだと勘違いしがちです。そのまま社長に上がって承認されて、実現してしまいかねません。

アイデアはＡ４のコピー用紙を横使いで、大きい字で書き込むようにしましょう（もちろんパソコンで作成してもＯＫです）。実際のプレゼンテーションにもっとも多く用いられるのが、Ａ４コピー用紙横使いです。だからこそ書かれた案を、プレゼンに近い雰囲気で見ることができます。「あ、このアイデアは提案するほどのクオリティではないな」といった判断が可能になるのです。

僕は新人時代、キャッチフレーズをＡ４のコピー用紙１枚にリストにして企画会議に持っていき、先輩に注意されたことがあります。

「コピーは必ずＡ４コピー用紙１枚に、１案書くようにしなさい。小さく書くと小粒なコピーになるよ」と言うのです。

実際、そのとおりで、コピーライターが企画会議に持ち込むコピーは、必ずＡ４用紙１枚に１案、大きく書かれています（最近はパソコンで画面に投影することも増えましたが、それでもスライド1枚に1コピーであることは変わりません)。人間なんて単純なもので、小さい紙を用意されると、おのずと発想もこじんまりとしてしまいます。ふせんを使った瞬間、ふせんに収まる案しか出なくなるのです。

僕がたまにふせんを使うのは、アイデア出しの前段階で、1人で自分の考えを整理するときです。順番の入れ替えが簡単なので、新しい発想につながることがあります。

しかし、アイデア会議でふせんを使うのは厳禁としてください。

実際、僕がこれまで参加した数えきれないほどのアイデア会議でふせんが用意されていたことは、ただの一度もありません。

アイデアスキル③
パワポ禁止

ふせんを使ってはいけない理由は、おわかりいただけたと思います。

……ちょっと待ってください。ひょっとして、パワーポイントを立ち上げていませんか？

はい、そこでストップしてください。**パワーポイントも、この段階では決して使ってはいけません。**

「え、Ａ４コピー用紙はＯＫなのに、なんでパワポはダメなの？　〝実際のプレゼンに近い雰囲気のほうが、アイデアの良し悪しを正しく判断できる〟って言ったじゃない？　パワポこそ、プレゼン本番そのものでしょう」

……なんて思われたかもしれないですね。確かに実際のプレゼンテーションをパワーポイントで行う場合が多いでしょう。だからこそ、この段階では厳禁なのです。

パワーポイントは、プレゼン用に資料の体裁を整えるためのツール。アイデアを大量に出すためには設計されていません。動作の重さ、機能の多さなど、むしろ発想を止める要素がてんこ盛りになっています。これはパワーポイントが悪いのではなく、もともとアイデアを出すためのツールではないのだから、仕方がないのです。

アイデア出しにパワーポイントを使った場合、こんな感じになります。

「あ、ちょっといいことを思いついたぞ。さっそく書きとめよう。まずはテキストボックスを挿入して……場所はどこにしようかな。

中央ぞろえにして、フォントを選んで、強調したい部分には色をつけよう。いや、写真もあったほうがいいな。よし、なにか素材がないかググってみよう……」

……いかがでしょうか。これで100案考えられると思いますか。

企画会議にアイデアを持っていく段階になって、パワーポイントを使うのは問題ありません。その場合も、**「1スライド、1アイデア」の原則**は守ってください。矢印を入れたり、画像を使ったりするのもなるべく控えてください。余計な装飾があると、かえってアイデアがわかりにくくなります。

あるベテラン・クリエイターが「最近の若手は、猫の画像にちょろちょろ文章をつけたものをアイデアだと言って企画会議に持ってくる」と、ボヤいていました。画像があると、それだけでなんとなくクリエイティブな雰囲気になり、内容に関係なくよさそうなアイデアだと勘違いしやすくなるのです。

いいアイデアは必ず短文で説明できます。「AがBと合わさってシナジーを生み、結果、Cというイノベーションが生まれます」――みたいな長ったらしい説明が必要になったり、画像や矢印が必用になったりした時点で、そのアイデアはイマイチである可能性が高いのです。

また、文字は必ず大きくしましょう。大きければ大きいほど可です。

人間は生理的に大きい文字を好ましいと感じます。大きい文字で書かれた、たくさんのアイデアメモが並ぶ企画会議は楽しいものです。みんなでポジティブに、おもしろいもの

「1スライド、1アイデア」を死守しよう

× 複雑なパワポ

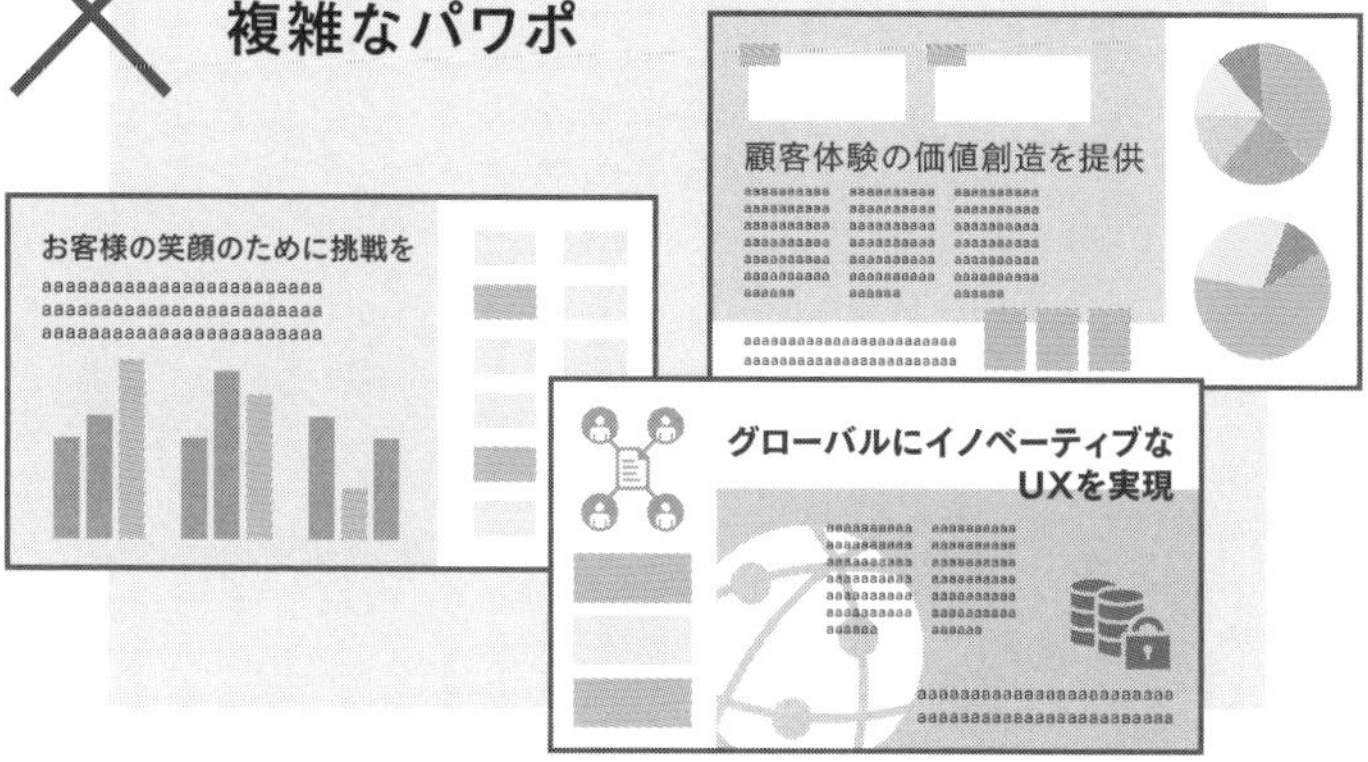
顧客体験の価値創造を提供
お客様の笑顔のために挑戦を
グローバルにイノベーティブな
UXを実現

○ 短く！　A4用紙1枚に!!

パワポを
禁止しよう!

を考えよう！　という気持ちになります。

逆に、ちまちまとした字で書かれたアイデアは場の雰囲気を悪くします。「これは仕事なんだ。マジメに考えよう」という気持ちになってしまい、発想が飛躍しなくなるのです。

フォントサイズ20ポイント以下で書かれたアイデアが世界を変えたことは、おそらく、ただの一度もありません（文字が小さくなることの弊害は前項の「ふせん禁止」で説明しましたね）。

小さい文字にしないと1スライドに収まらないほどの長文になったら、それはやはり、アイデアがイマイチということです。

アイデアスキル④
画像禁止

ネットには無数のおもしろいネタ画像が転がっています。ツイッターやインスタグラムを見ていて、「これはおもしろい!」というものに出会うことも多いでしょう。

しかし、そのままパワポ等に貼って、自分のアイデアとしてアレンジすることは厳禁です。アレンジできないことがほとんどだからです。

画像のインパクトは絶大です。子猫が手のひらでウトウトしている画像が貼ってあれば、その下に添えられた文章がどんなにつまらなくても、ちょっとしたアイデアっぽく見えてしまうものなのです。

動画はさらに危険です。文章すら添えず、ネットで拾ったおもしろ動画を持ってきて、「こういうことやりましょう!」と言う人が本当に増えました。パクリ疑惑で炎上するアイデ

アのほとんどが、こうした経緯で世に出ているのではないかと思います
僕がしつこく「アイデア出しとは、文字にして書くことだ」と主張しているのには、こうした背景があります。画像や動画と違って、文章はごまかせません。具体的でないアイデアは具体的でないもやっとした文章になりますし、パクリもハッキリとわかります。

いいアイデアは、絶対に短い文章で説明できるのです。

僕はここで声を大にして言いたい。

「アイデアに服を着せるな」

「アイデアは裸で出せ」

画像や動画での補足が必要な時点で、ダメなのですから。

アイデアスキル⑤ ツール不要

「ふせんもパワーポイントもダメなら、何を使ったらいいの？　頭で考えてるだけでは、ダメなんでしょう？」

はい、そのとおり。アイデア出しとは、書くことです。だから、書くものであれば、なんでもかまいません。白い紙とペン、ワード、スマホのメモ帳など、なんでもＯＫです。

文房具好きな人は、お気に入りのノートや筆記用具をそろえてもいいかもしれないですね。

ポイントは、**書くことのみに特化したものを使うこと**です。フローチャートになっていたり、なにか気のきいた仕立てがあったりするものは、避けたほうがよいでしょう。

マンダラートやマインドマップなど、世の中にはアイデア出しのツールがたくさんあります。特にマンダラートは、メジャー・リーガーの大谷翔平《おおたにしょうへい》選手が活用していたことで注目されました。

初めに3×3の9つのマスを書き、その中心に達成すべき目標を書きます。次に、その目を標達するために必要な事柄を、まわりの8マスに記載します。さらに、まわりの8マスに書いた事柄を中心とした3×3の9マスのマンダラートを作成します。これをくり返すことにより、大きな目標を小さな目標に細分化できる、というしくみです（文章だけだとわかりにくいと思うので、「大谷翔平　マンダラート」等でネット検索してみてください）。

マンダラートは抽象的な事柄の具体性を高めるツールとしては、非常に優れていると思います。大リーガー選手になるという目標はあまりに大きすぎて、そのままでは何をしたらいいのかわかりません。そこで、「球速160キロにする」「そのために、下肢を強化する」「下肢を強化するために……」と、目標を小さくしていくのです。

僕は長期の目標を立てるよりは、そのつど、そのつど、自分にできることをやってきたタイプです。もっと早くこの方法を試していれば、大谷選手のようなビッグな人間になれたかも……？　なんて、正直、ちょっと後悔しています（苦笑）。

しかし、現にメジャー・リーガーではない僕や読者のみなさんが毎日の作業に使うには、マンダラートはしくみとして凝《こ》りすぎていると思います。やってみるとわかるのですが、マスを1つ埋めるのは意外と大変です。アイデアを量産するのに向いているツールではありません。

その他のツールも同様ではないでしょうか。**初めはクリエイティブな気分になって楽しいものですが、すぐに飽きたり、面倒になったりしてしまいがち**です。少なくとも、僕のようなズボラ人間はそうだと思います。

アイデアの数を出すのに必用なのは、アイデア出しへのハードルを下げること。

特別なツールは、かえって生産性を下げます。とにかく、書くだけでいい。そう意識して、気軽に取り組むようにしましょう。

アイデアスキル⑥
余白を活かせ

ふせんもパワポも不要。特別なツールも使わなくていい。紙でもスマホのメモでもなんでもいいから、とにかく、書いてみる。ここまで読んできて、アイデア出しへのハードルはだいぶ下がってきたと思います。

しかし、それでも**真っ白なノートを広げてみると、気が重くなるのが人間**です（というか、僕がそうです）。どんなことであっても、最初の１歩を踏み出すのは、億劫になってしまいがちですよね。

そんなときに、おすすめの方法があります。**アイデア専用ノートではなく、別のものの余白に書く**のです。

僕の場合、クライアントのつくったオリエンシートの余白に書き込むことがあります（オリエンシートとは、クライアントが広告会社に提示する、どんな広告をつくりたいのかをまとめた書類のことです）。具体的には、商品のこと、ターゲットのこと、媒体（テレビCMなのか、ウェブ動画なのかなど）、予算、スケジュールなどが記されています。

関係者以外、目にしないものなので「ソリューションで顧客体験を……」といった堅苦しいビジネス文体でみっちりと書かれている場合がほとんどです。表やグラフも多く、お世辞にもクリエイティブな雰囲気ではありません。だからこそ、クリエイティブなことをやるぞ！　という気負いが減っていいのです。白紙ではないので、書き込むことへのハードルも下がります。

クライアントからオリエンシートを渡され、内容について説明を受ける会議のことを「オリエンテーション」といいます。僕はこの場で、説明を受けながら感じたことをオリエンシートに書き込んでいきます。僕は整理整頓が苦手な僕ですが、オリエンシートだけは作業終了まで保管して、余白に書き続けることが多いです。

書き損じのメモやスーパーのチラシなどに書き込むのもいいですね。僕がよく使うのは、自分の子どもがやり終わったあとの計算ドリルの余白や裏です。不思議なことに、仕事と全然関係ない用紙を使ったほうが、発想が広がりやすいように思います。「これは仕事だぞ〜」というプレッシャーが減るからでしょう。

若干27歳でカンヌ国際映画祭グランプリを受賞した天才監督グザヴィエ・ドランは、レストランなどに無料で置いてある紙ナプキンにアイデアを書き込むと言っています。机の中はいつも大量の紙ナプキンにあふれているそうです。

また、海外の広告業界では、アイデア会議のことを「ティッシュ・セッション」と言います。アイデアをティッシュに書き込んで気楽に見せ合うことから、この名前がついたそうです。

こうしたエピソードからも、大仰なツールを使うより、とにかく気軽に書いていくのが大切であることがわかります。

仕事と無関係な用紙を100％活用

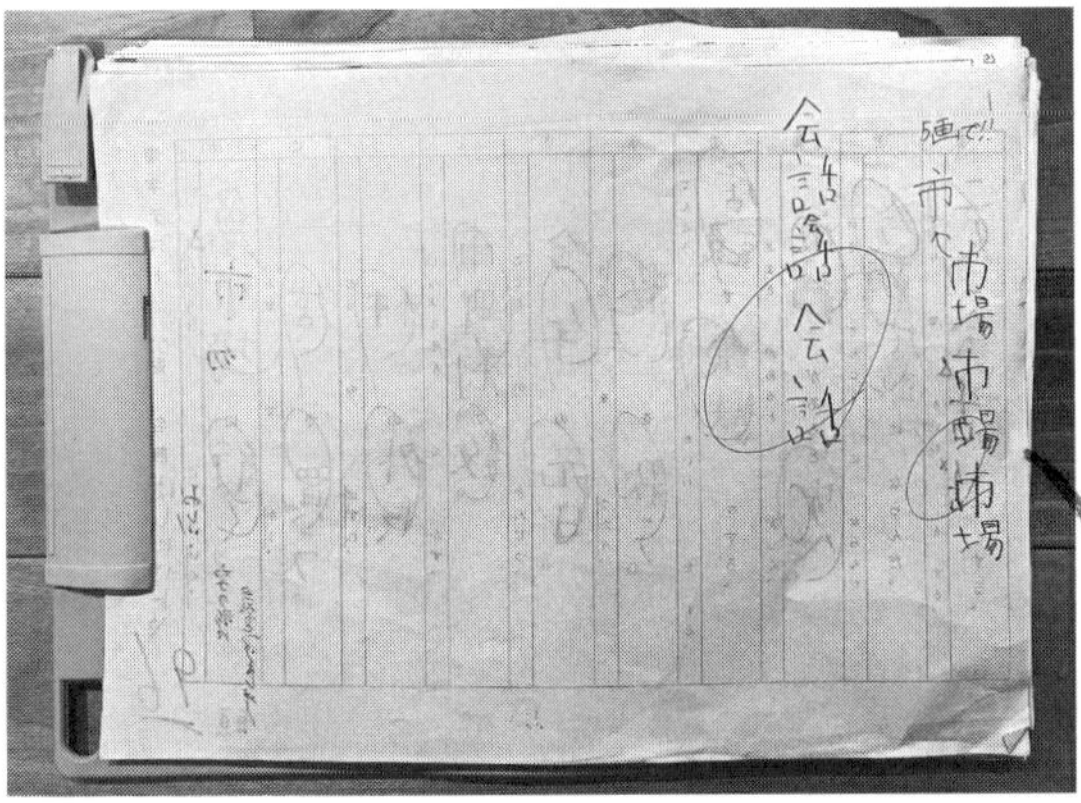

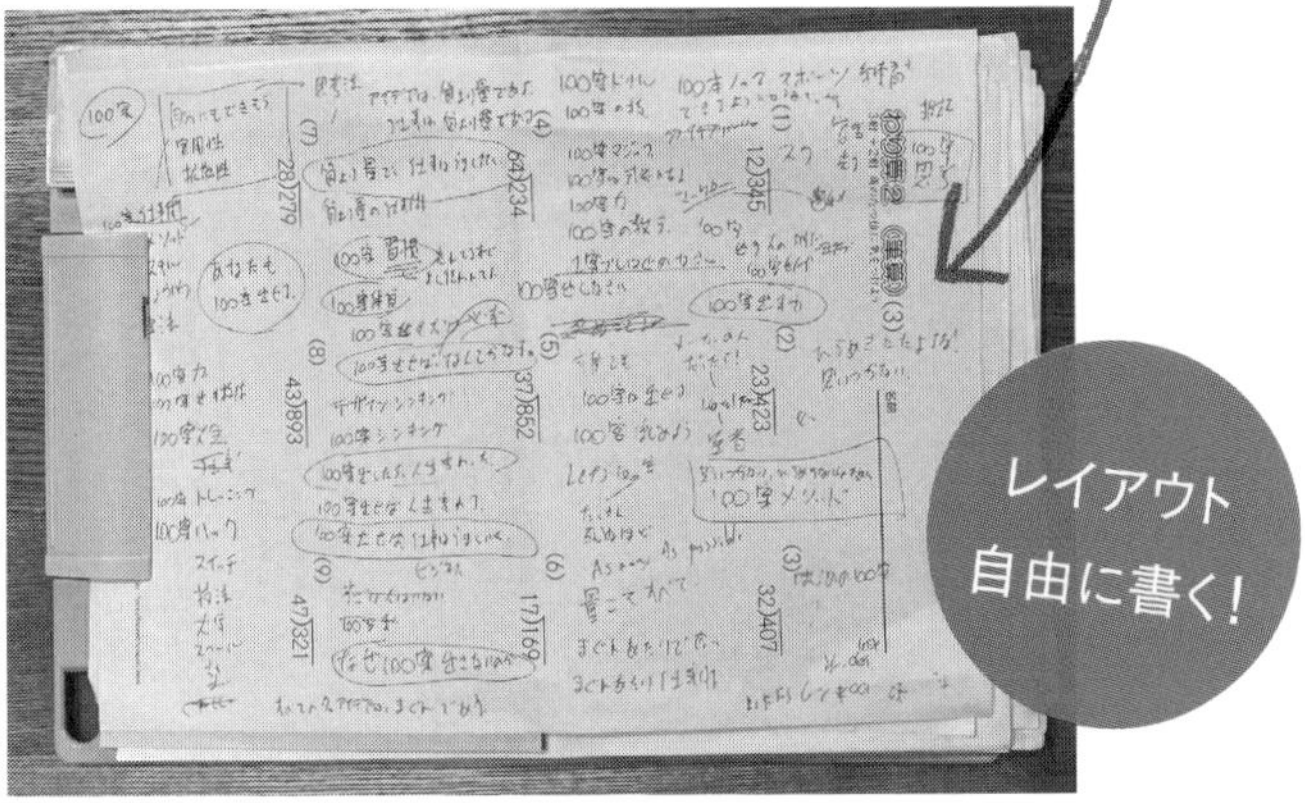

実際に使用している子どもの漢字テストの裏紙。
この余白にどんどん書いて、保存が必要な場合はスマホで撮影します。
画像保存後は、すぐ捨ててしまいます。

アイデアスキル⑦
時間を決めろ

前章で「あらゆる予定をスケジュールせよ」というインプットスキルを紹介しました。打ち合わせやプレゼン、会食と同じように、読書やスクール、映画なども日時を決めてスケジュール帳に記入するのです。インプットの質と量が格段に上がります。

アイデア出しについても、同じことがいえます。打ち合わせやメールの返信をしていたらいつの間にか夜になってしまい、まったく考える時間がなかった……なんてことが、仕事をしているとありがちですよね。

空いた時間でやろう……なんて思っていると、絶対にうまくいきません。時間は空かないからです。空いたとしても、メールを返信したり、ソーシャルメディアをダラダラとながめたりして過ごすことになるでしょう。

時間は空くものではなく、空けるものなのです。アイデア出しの時間も、他の用事と同じく、スケジュール帳に記入するようにしてください。アウトルックやグーグル・カレンダーを職場で共有している人は、そこに入力するようにしましょう。

共有スケジュールは空けておくと、どんどん勝手に打ち合わせやプレゼンの予定を入れられて、考える時間が削られていきます。アイデア出しの時間は、なんとしても確保しておかなくてはいけません。

「打ち合わせでもプレゼンでもない、1人の時間をスケジュールに入れるなんて非常識だ」という意見の人も、けっこういます。こういう人は、アイデアの重要性を理解していないのです。

打ち合わせやプレゼンで提出するアイデアが生まれるのは、いつですか？　1人で考えているときです。たまにノーアイデアで会議に参加する人がいますが、**アスリートがまったく練習をしないで試合に出るようなもの**だと思います。個人で事前に考えておかないと、みんなで集まっても、けっして生産的な議論にはなりません。

やや話がズレますが、共有スケジュールが埋まっていると「ここ、調整できますか？」

と、予定をねじこもうとする人がいます。これは時代に合わない、マナー違反だと僕は思います。アイデアのアウトプットやインプットも含めて、すべてをスケジュールに共有する。それを相互にリスペクトし、守っていく。これが新しいスケジュールのあり方です。

いつやるのがいいか

一般的に、アイデア出しがはかどりやすいのは午前中だといわれています。昼食後はどうしても眠くなるし、夕方以降は疲れてきて、精神的に考える余裕がなくなります。ましてや深夜、1人で考えて前向きなアイデアが出ることはけっしてありません。

僕の場合は、家の用事が片づく**午前8時半から1時間半ほどを、アイデア出しの時間**と決めています。この時間は他の予定はいっさい入れず、ひたすらアイデアを出すのです。

といっても、1時間半ずっと集中しているわけではありません。人間が本当に集中できるのは、せいぜい10〜20分程度でしょう。20分考えたら気分転換をかねてメールのチェック等の雑用をし、また集中する。これを1時間半の間、くり返します。

そして、**はかどってもはかどらなくても、時間が来たら作業をストップ**します。タイムリミットを設けることで緊張感が生まれ、アイデアが出やすくなるのです。

仕事がひととおり片づいたあと、夜になってからするのをやめたほうがいい理由は、ここにあります。「時間はたっぷりある」とだらけてしまい、思考力が鈍るのです。徹夜で考えるぞと意気込んだものの、朝までＹｏｕＴｕｂｅをダラダラ見ていただけだった。そんな経験がある人も、多いのでは？（若手のころの僕が、そうでした……）

漫画家の藤子不二雄Ⓐも、１日に書くページ数を決めていると自著の中で語っています。**たとえ調子が乗ってきても、決まったページ数以上は描かない**のだそうです。このやり方で『笑ゥせぇるすまん』等、数々の傑作が生みだされてきました。

何日も徹夜して延々と考えて作品をつくり出す、というクリエイターのイメージも、そろそろアップデートする必要があるでしょう。徹夜は努力ではなく、もっとも楽なやり方です。作業量から逆算してスケジュールを決めて粛々と作業するには、管理能力や自制心が必要です。ダラダラと長時間働くより、ずっと大変なのです。

アイデア出しは、ビジネスでもっとも重要な行為。だからこそ、ビジネスとして、スケジュール管理した上で取り組むようにしましょう。

アイデアスキル⑧
視点を変えろ

アイデアを出すとき、あなたは誰の視点になっているでしょうか。

妙な質問をしてスイマセン。そんなの、自分の視点だろう……と思いますよね。しかし、自分の視点でいるつもりでも、実際は誰でもない視点で発想してしまうことが多いのです。

例を挙げましょう。僕はコピーライターとして「スカパー！」の広告づくりを担当していいます。2019年に「スカコピ！」というキャンペーンを実施しました。「家族で『スカパー！』を見たくなるコピー」という課題を出して、コピーを一般の人から募集したのです。反響は大きく、数万件のコピーが集まりだしました。

僕は審査をしていたので、はりきって応募作を見たのですが……残念ながら、ほとんどが次のようなコピーだったのです。

「チャンネル争いは、平和な争いです」

「平和な争い」というレトリックは、ウマいことを言っているようにも思えます。しかし、考えてみてください。イマドキの子どもは親がテレビを見ていれば、自分の部屋でスマホを使って見るのではないですか？　そもそも、あなたはこれまでの人生で、ただの一度でも、チャンネル争いをしたことがありますか？

コピー然としたレトリックを優先するあまり、具体性が欠落しているのです。

これを「スカコピ！」で入賞したコピーと比べてみましょう。

「母の好きな歌は、テレビで覚えた」

「この映画を劇場で見た時は、まだ恋人だった」

「一人暮らしを始めた。お母さんの副音声が、今は恋しい」

「チャンネル争いは、平和な争いです」と違って、誰の視点から書いたコピーなのか、極めて明快です。「母の好きな歌は、テレビで覚えた」と「一人暮らしを始めた。お母さんの副音声が、今は恋しい」は、息子や娘の視点。「この映画を劇場で見た時は、まだ恋人だった」は、夫婦の視点です。

どのコピーも、けっして天才にしか思いつけないようなものではありません。むしろ、どこにでもある日常を切り取っているだけともいえます。しかし、数万件の応募があっても、このレベルに達しているコピーはほとんどありません。逆に考えると、視点を設定するだけで、アイデアの量と質をグッと上げることが可能なのです。

「主人公」がいると、言葉は輝く

では、アイデアを出していて煮詰まったときの、「視点を変える」方法を、具体的に見ていきましょう。

たとえば、仕事で「新しい缶コーヒー」のアイデアを出すことになったとしましょう。

最初の数案から10案くらいまでは、

「定価1000円の高級缶コーヒー」
「カフェイン量が多い目覚まし缶コーヒー」
「人気キャラとコラボしたデザイン缶コーヒー」

といった、「誰の視点でもないアイデア」が出てくると思います。「なんとなく、こういうのがいいんじゃないかな?」という、自分の中にあったあいまいなアイデアです。もうこれ以上は出てこないな……と感じてきたタイミングで、「具体的な視点」を導入してみるのです。たとえば、

「主婦が家事の合間に飲む缶コーヒー（自販機やコンビニではなくスーパーが主戦場）」
「受験勉強中の中高生が飲む缶コーヒー」
「食後専用の缶コーヒー」
「お風呂上がりに飲む缶コーヒー」

……などなど、主人公をつくり、その人の視点で考えると、どんどんアイデアが出てきますよね（しつこいですが、この時点では**質や実現性は度外視**してください。犬用缶コー

ヒーだろうと宇宙人用缶コーヒーだろうと、なんだっていいのです)。

男、女、子ども、会社員、アルバイト、学生、ジョギングの後……などなど、視点をズラッと書き出すのもいいですね。いきなりアイデアに取り組むより、ずっと簡単です。

視点の大切さを理解していただくために、とある有名なクリエイターが主催したアイデア教室でのエピソードを紹介します。

そのときの課題は「コンビニの新しいサービスを考えよう」というものでした。ほとんどの生徒は「アイドルのライブがその場で聴ける」「商品をヘリコプターでデリバリーする」といった、奇抜なアイデアを提出しました。

しかし、先生が模範解答として示したのは、

「カップラーメンを買うと、その場でお湯を注いでくれる」

というものでした(今では当たり前のサービスですが、当時は存在しなかったのです)。いかがでしょうか。生徒のアイデアに比べると、地味で普通にも思えます。しかし、考えてみてください。実現性は別にしても、コンビニでアイドルのライブを観たいと思うお客

「主人公」をつくることで、より具体化する

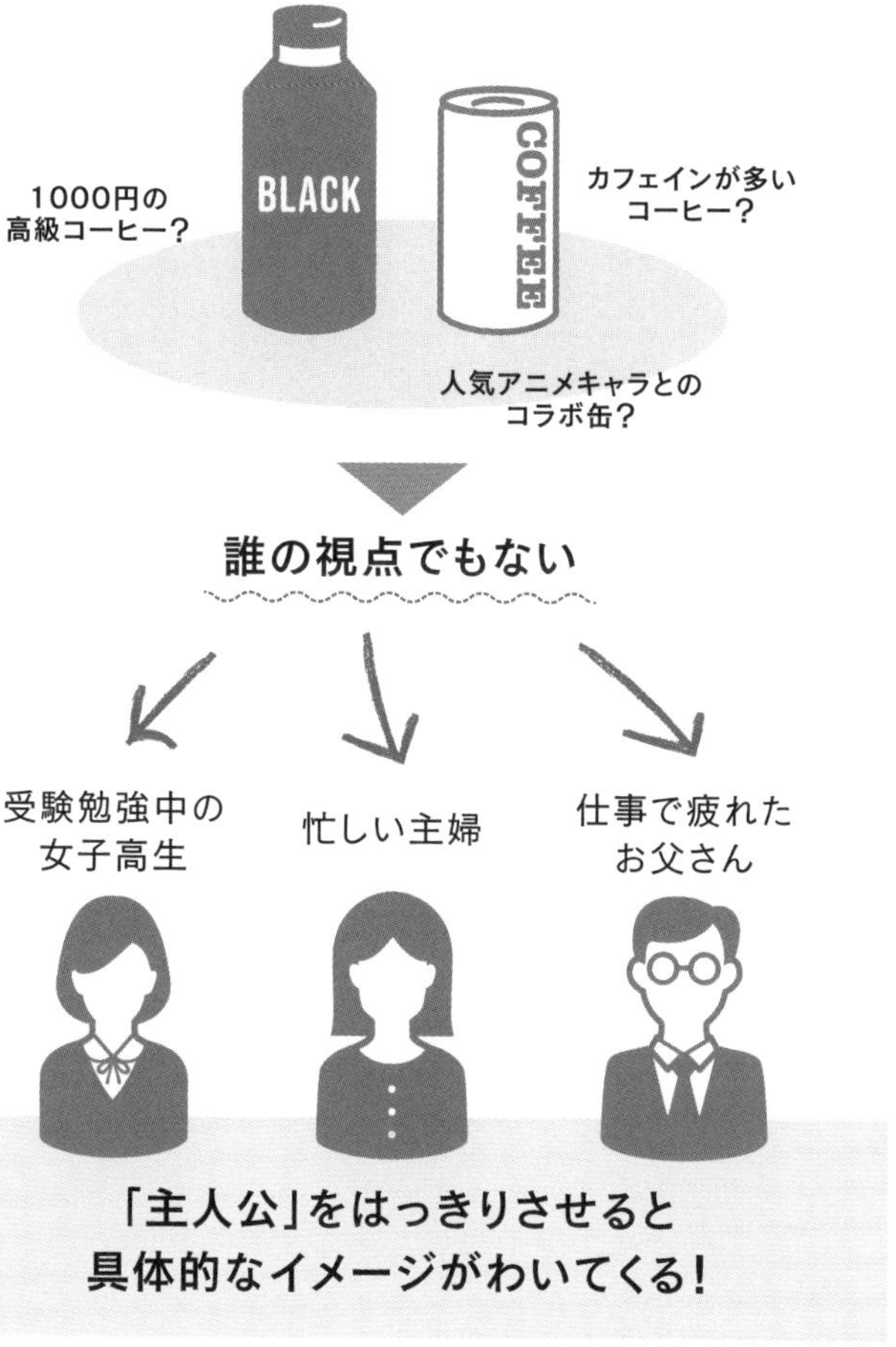
BLACK
COFFEE
1000円の
高級コーヒー？
カフェインが多い
コーヒー？
人気アニメキャラとの
コラボ缶？
誰の視点でもない
受験勉強中の
女子高生
忙しい主婦
仕事で疲れた
お父さん
「主人公」をはっきりさせると
具体的なイメージがわいてくる！

さんが、本当にいるのでしょうか（アイドルのファンだってもうちょっと開けたスペースでライブを観たいでしょう）。

営業車で移動しているビジネスパーソンであれば、ちょっと小腹がすいたときに、「コンビニでカップラーメンでも食べたい！」と思うでしょう。

部活帰りの高校生であれば、「家に帰って晩ごはんを食べるまで待てない！」と思うでしょう。

こういうお客さんたちにとっては、カップラーメンにお湯を注いでくれるほうが、アイドルのライブよりずっとありがたいですよね。

「カップラーメンにお湯を注ぐ」は、実際にコンビニで買い物をするお客さんの視点で考えられています。一方、「アイドルのライブがその場で聴ける」は、誰の視点でもありません。具体的にそれを求めている人が見えず、なんとなくよさそうなものをくっつけただけです。

さまざまな視点に立つという意味では、アイデア・パーソンであることは、俳優に通じる部分があるかもしれません。しかし、俳優と違ってルックスも演技力も必要ありません。

自分が設定した人物になりきって、ぜひ試してみてください（やってみると、案外楽しいですよ）。

アイデアスキル⑨
自分インタビュー

「アイデアは、記憶だ」という言葉があります。アイデアとは、決してこれまでにない突飛な思いつきではない。むしろその正反対で、これまでインプットしてきた要素の組み合わせや変更こそが、アイデアである。本書でくり返し主張していることを端的に表現した名言です。

しかし、記憶をもとにアイデアを出すのは意外と大変です。さまざまな記憶から、いざアイデアの参考になりそうなものをズバッと思い出す……なんて、都合のいいことは、なかなかできません。手帳や日記にメモしていたとしても、それを見返すだけでひと苦労です。

そこで、**「自分インタビュー」**というオススメの方法があります。

「あのとき、どう思いましたか？　どう行動しましたか？」と、インタビュアーになりきって、自分で自分に問いかけるのです。こう書くと、危ない人みたいですね（笑）。

具体例で説明しましょう。

たとえばあなたが「新しいスポーツドリンクのアイデアを出せ」という仕事を担当したとします。スポーツドリンクについての特別な記憶なんて、普通はないですよね。自分インタビューでどうやって引き出すのか、見てみましょう。

◉特別インタビュー　あなたにとって、スポーツドリンクとは？

Q：スポーツドリンクについて、なにか思い出はありますか？

A：特にないですねー。スポーツ苦手なので。

Q：スポーツドリンクを飲んだことはありますか？

A：それはありますよ。子どものころのほうが飲みましたね。

Q：ほうほう、子どものころ！　どんなときに？

A：運動会や、遠足のとき、水筒に入れてました。粉末からつくってましたね。あれはおいしかったな。

Q：では、大人になって飲まなくなったのは？

A：子どものころは強制的にスポーツさせられるけど、大人はしないですから。

Q：でも、運動会はともかく、遠足はスポーツじゃないですよね。

A：確かに……。でも体は動かすから、広い意味ではスポーツと言えなくもないですね。

Q：遠足のような、お出かけはしないんですか？

A：いや、それはしますよ。この前も、紅葉を見に渓谷に行きましたし。

Q：では、アウトドア用のスポーツドリンクがあったら、どうでしょう？　栄養バランスなども、そのために調整されています。もちろん粉末で発売して、水筒に入れられるようにします。

A：それは飲んでみますね。アウトドアグッズを普段使いする人も多いので、通勤中に飲む人も出てきそう。マイボトルブームにも便乗できそうです。

いかがでしょうか。少なくとも漠然と悩むより、はるかに効率的にアイデアを出せることがおわかりいただけたと思います。先述の**「視点を変えろ」と組み合わせて、自分ではない誰かになりきってインタビューするのもいい**でしょう。

まわりに誰もいなければ、声に出してインタビューしてみてください。

大人になるとブツブツひとりごとを言っていると気味悪がられるので、思考を発声する機会はなくなります。しかし、やってみると、**抽象的な思考を具体化するのに有効**であることがわかります。嫌でなければ、スマホの録音機能を活用してもOKです。もちろん、まわりに人がいたり、声に出すことに抵抗があったりする場合は、文章に書くだけでも十分です。

大切なのは、声でも文字でもいいので、カタチにすることです。頭に思い浮かべているだけだと、アイデアはけっして具体化しません。

「ウソ記憶」に注意

記憶をもとにアイデアを出す際、注意しなくてはいけないことがあります。**「あなたが思い出した記憶が、本物ではない場合があるから」**です。

先述の「チャンネル争いは、平和な争いです」が、わかりやすい例です。

多くの人がスマホを持っている今どき、実際にチャンネル争いをしたことがある人なんて、そうそういません。それなのに、「家族でテレビを見たくなるコピー」と言われると、したこともないチャンネル争いについて書いてしまうのです。

僕が新人だったころ、研修で「古書店のコピーを書け」という課題が出たことがありました。新人たちが書いたコピーの中に、

「前に読んだ人のアンダーラインが残っていた。どんな気持ちで読んだんだろう」

というものがありました。このコピーを見て、当時の講師は苦言を呈しました。

「古本を買って、アンダーラインが引いてあったとして、それで古本を買いたくなる？　むしろイヤなんじゃないの？　キレイなほうがいいだろ？」

言われてみれば、まったくもって、そのとおりです。

「チャンネル争い」「古本のアンダーライン」のようなものを、僕は「ウソ記憶」と呼んでいます。要は「紋切り型」のイメージですね。

なぜか人間の脳はリアルな記憶より、どこかで刷り込まれたウソ記憶のほうを手っ取り早く思い出すようにできています。注意してください。

アイデアスキル⑩
類語辞典を使え

アイデアは書くものだとくり返し説明してきましたが、どう書けばいいかは、まだ触れていませんでした。「アウトドア用のスポーツドリンク」のようにまとまった文章にするのは、やってみると意外と面倒です。いくら質より量といっても支離滅裂だったり無内容だったりする文章を書くのは、さすがに気が引けます。

そう、つまらないアイデアを出すことだって、けっして簡単ではないのです。そんなこんなでモタモタしているうちに時間だけが過ぎて、紙が真っ白なまま……。アイデア出しに苦手意識がある人のよくあるパターンです。

そこで、まずは**アイデアを「文章」ではなく「単語」で発想する**ようにしましょう。

「新しいスポーツドリンクのアイデアを出せ」という課題があったら、

◇ポカリ
◇アクエリ
◇サッカー
◇汗
◇野球
◇夏
◇運動会
◇水筒

……のように、思いつくままに単語をとにかく書き出すのです。これなら誰でも、絶対にできますよね。

単語の数がそろったら、次に使うのは類語辞典です。単語の中から好きなものを選んで、引いてみてください。似たような意味の単語や文章がズラッと出てくるので、また書き出します。これをくり返すことで、発想を広げることが可能です。

先に書いた単語の中から、ここでは「汗」を選んで類語辞典で引いてみましょう。

◇汗水
◇一汗
◇大汗
◇玉の汗
◇寝汗
◇盗汗《とうかん》（※寝汗と同じ意味）
◇冷や汗
◇脂汗

ずらっと8個の類語が出てきました。スポーツドリンクという文脈からはスポーツの汗しか思いつきませんが、他にもいろいろな種類の汗があることがわかります。

汗をかくシチュエーションも、たくさんあるはずです。睡眠中、お風呂上がり、厚着をしたときなどなど。

お風呂上がりといえは、最近、サウナがブームです。「サウナの直後に飲むスポーツドリンク」があれば、サウナに足しげく通う「サウナー」たちに売れるかもしれないですよね。

ほら、これで1案できました。

類語で発想を数珠つなぎする

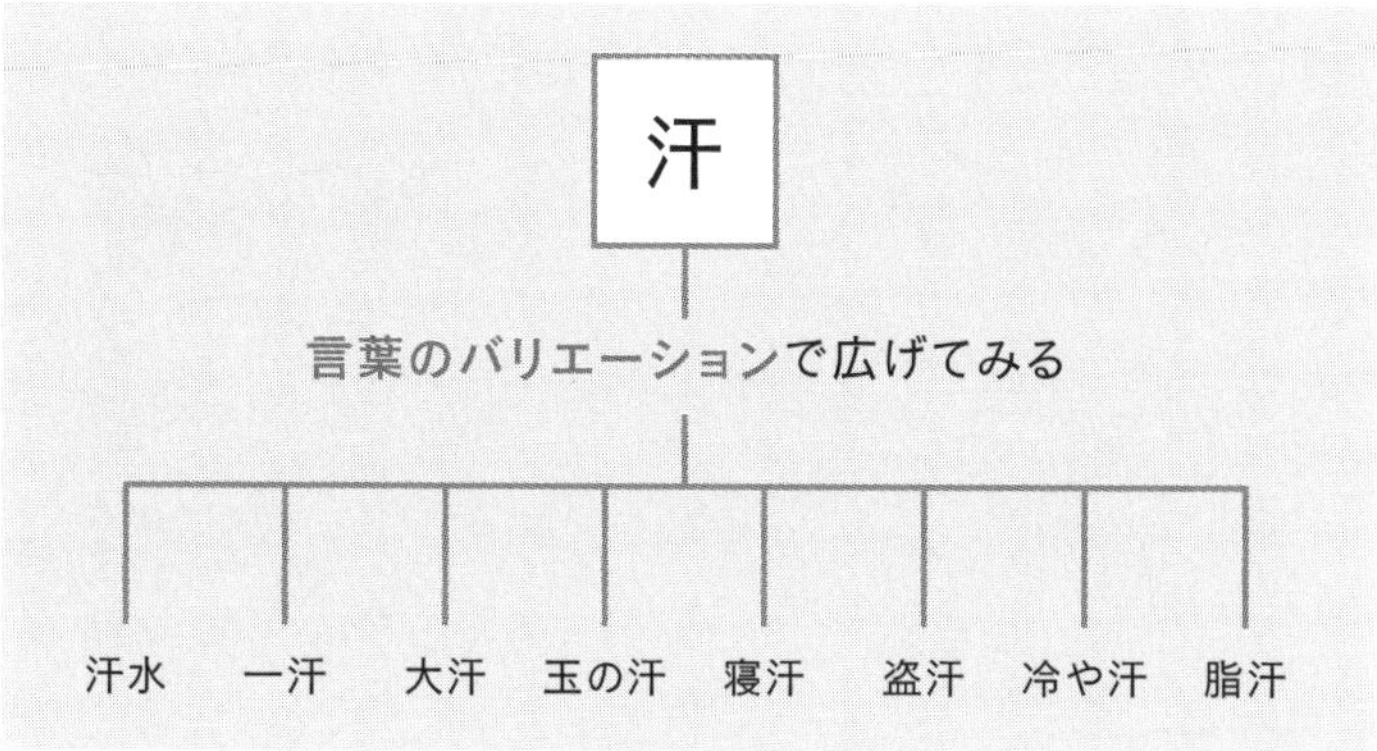

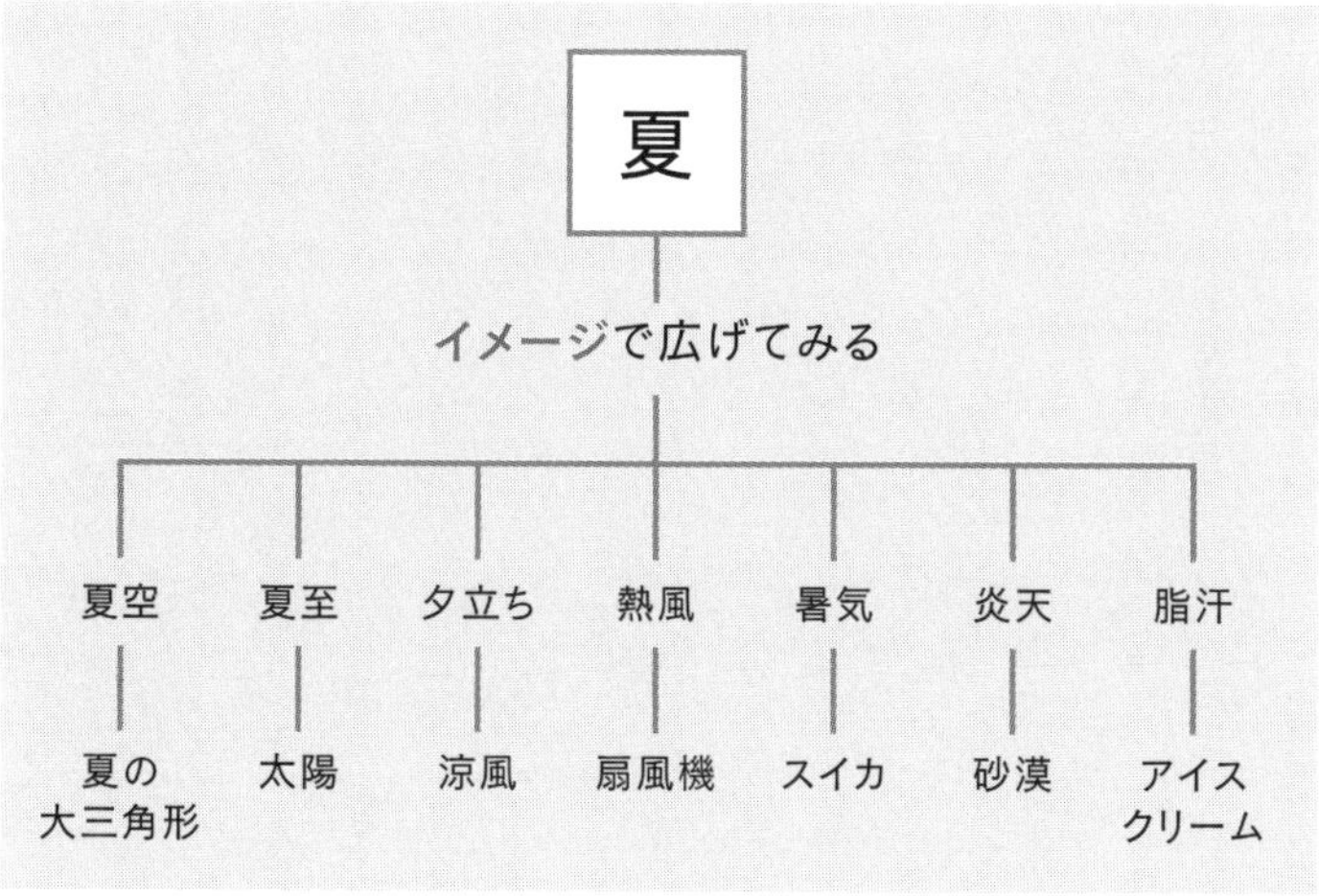

単語によっては、自分も知らなかったバリエーションが見つかるかもしれません。アイデアだけでなく、語彙《ごい》力も増やせますね。

類語辞典はネットで、無料で利用することができます。僕は「類語新辞典」というiPhoneのアプリを利用しています。有料ですが、デザインが非常に優れており、触っていて楽しいので重宝しています。もちろん紙の辞書でもOKです。あなたに合ったものを利用してください。

アイデアスキル⑪
ながらアイデア出し

「マイクロソフト」創業者のビル・ゲイツは、毎年のように世界大富豪ランキングの上位にランクインしています。2019年11月のCNNの報道によると、総資産額は1100億ドル（約12兆円）。ここまで来るとうらやましいを通り越して、なにがなんだかわからないですね（笑）。

自宅があるのは、シアトル郊外ワシントン湖畔。面積は約140平方キロメートルあります。100平方キロメートルあまりのパリ市全体を超える広さです。邸宅は人工河川、水中に音楽が流れるプールやバーつきの図書室、守衛室まで完備し、推定価格は80億円といわれています。なにからなにまでスケールが違います。

しかし、**ビル・ゲイツには、寝る前に家族の皿洗いをするという、意外にも庶民的な習**

慣があるそうです。他の人が代わると言っても、自分がやると言って譲らないのだとか。「アマゾン」創業者のジェフ・ベゾスも、皿洗い好きとして知られています。「私がすることの中でもっともセクシーなことだと確信している」とまで言っているので、タダゴトではありません。

ハウスキーパーを100人だって雇える大富豪が、なぜ自分で皿洗いをするのか？　そのヒントになる研究を、セントラル・ランカシャー大学が行っています。

被験者たちは、携帯電話のアドレス帳から電話番号をひたすらコピーするという作業をさせられました。なんの意味もない行為で、さぞかし退屈だったことでしょう。しかし、そのあと、被験者たちは作業前より創造性の高い考え方ができるようになったという結果が出たのです。

同大学はこの研究から**「退屈な仕事は創造性を高める」**と結論づけています。ゲイツやベゾスがつくってきた数々のイノベーティブなアイデアも、皿洗いという退屈な仕事の結果、生まれたのかもしれません。

よく「シャワーに入っているとき、アイデアをひらめく」という人がいます。これも皿洗いと同じでしょう。ふせんを貼ったりフローチャートを埋めたりするより、一見、クリエイティブでもなんでもない雑用をこなしているときのほうが、創造性が高まりやすいのです。これは脳科学でも実証されています。

脳がぼんやりしているときに活性化する神経回路のことを「デフォルト・モード・ネットワーク（ＤＭＮ）」と呼んでいます。皿洗いや散歩、シャワー中などは、ＤＭＮが活性化し、アイデアが出やすくなるといわれているのです。

コロナ禍の影響で、家で過ごす時間が増えました。今こそ「ながらアイデア出し」でアイデアパーソンになるチャンスです。イヤイヤ家事をこなすのではなく、少しだけアイデアに意識を向けながら行ってみてください。総資産１１００億ドルは無理でも（笑）、いい案が出やすくなるのではないでしょうか。

無意識にこなせるけど、ちょっとだけ刺激がある、くらいの作業がいいと思います。僕の場合、ラーメン店の行列に並びながらアイデアを出すことがあります。立っているだけで退屈な時間ですが、たまに列が動くので完全に無意識にはなれません。これがいいのです。

大きな競合プレゼンを前にした、ある日のこと。気分転換に、お気に入りのラーメン店までランチに出かけました。長蛇の列でやることもないので、スマホのメモに、アイデアを思いつくままにリストアップしたのです。その後、要素を並び替えたり、削ったり足したり――。

40分もすると（この日の行列は長かった！）、企画書ができ上がってしまいました。「これはイケる」と思ったので、その場で後輩にメールして、パワポで体裁を整えてもらいました。（もちろんラーメン店の行列で考えたことは秘密です）。結果、みごと勝利を収めることができたのです。

この「ボーッとしている時間」を利用できると、通勤、掃除、ハミガキ、オムツ替えなどなど……人生そのものがクリエイティブな時間に変わってゆくのです。

ただ、1つだけ注意したほうがいいことがあります。

退屈な会議を有効に使う法

自分は発言する機会がないのに、立場的に出席しなくてはいけない会議ほど退屈なものはありません。こういう会議にかぎって長時間続くので、よけい苦痛です。「退屈な仕事ほど創造性を高める」理論でいくと、アイデア出しのチャンスなようにも思えます。しかし、これだけはおすすめしません。

「自分に関係あるような、ないような話が、つねに耳に入ってくる」状態は、人から創造性や思考力を奪います。研究の裏づけなどはない僕個人の感覚ですが、これは間違いないと思います。と言いつつ、忙しいときはたまにメモを取るふりをしてやってしまうのですが、いいアイデアを出せたことは一度もありません。

『エスクァイア』誌の表紙などで知られる伝説のアートディレクターのジョージ・ロイス氏も、こんなことを言っています。

「ビッグ・アイデアをとらえるとき、音楽を聴くな。きみが音楽好きなら特に。きみがすごいと感じる音楽は、きみの邪魔をして気分を変えさせ、人に伝わるアイデアで特定の問題を解決しなきゃならないときに、見当違いの場所へときみを連れ去ってしまうのだ」

音楽。会議での会話。どちらも「自分に関係あるようなないような話が、つねに耳に入ってくる」状態です。僕はラジオ好きですが、やはり仕事中は聞きません。

ムダ会議はアイデア出しではなく、インプットの時間だと思いましょう。どんなにムダに思えても、1時間も話していたら、いい話の1つや2つは出てくるかもしれません（いや、そうでもないか……）。どうしても自分が出席している意味がない、眠くてたまらないような会議なら、参加者の服装や会議室のインテリアを観察してもいいと思います。

アイデアスキル⑫
フィニッシュから逆算

僕の趣味は格闘技観戦です。「PRIDE」がブームだったころは毎回、会場まで出かけていました。

世界中から強豪が集まる中で、日本人では青木真也という選手のファンでした。華麗な寝技を駆使して、「修斗《しゅうと》」「DREAM」「ONE」という3つの格闘技団体で世界王者になった実力者です。

青木選手はいつも**「フィニッシュから逆算する」**と言っています。対戦相手を研究し、「あの技で1本を獲ろう」と目星をつける。そこから逆算して、フィニッシュに持ち込むために試合を組み立てるのだそうです。

この話を聞いて、**格闘技もアイデア出しもまったく同じ**なんだなと、妙に納得してしまいました（世界王者と比べるのも、おこがましいのですが……）。

世の中にはさまざまなタイプのクリエイターがいますが、僕はコピーライターだから、コピーが得意という自覚があります。だから、どんな課題に対しても、言葉を中心としたアイデアを出すことを考えます。ビジュアルやキャスティング中心のアイデアは余力があれば考える、というくらいの気持ちで。

青木選手であれば、打撃より寝技で試合に勝つことを考えているはずです。同じように、僕はCMやデザインではなく、コピーで強い広告をつくることを考えています。格闘家でもクリエイターでも、全方位的になんでもできる人は、ほとんどいません。**自分の得意技に持ち込んだほうがいいに決まっている**のです。

苦手を見つける

得意技なんてない、という人もいるでしょう。でも、大丈夫。やはり近道はありませんが、アイデア出しを続けていれば、時間はかかっても必ず見つかります。自分の得意技がわかると、いいアイデアをある程度は狙って出せるようになります。毎回１００案考える必要がなくなるので、少しだけ楽になるのです。

得意技を見つけることは、苦手を見つけることでもあります。

僕が若かったころ、ヒット作を連発している、あるＣＭプランナーと仕事をしたことがありました。彼は、ふだんからものすごくおもしろい話をします。人を笑わせるのが大好きで、会議でも毎回、爆笑トークをして盛り上げる。そんな人柄そのままに、登場人物がおもしろいトークをするＣＭを得意としていたのです。間近で見ていて、「これは絶対マネできない」と思いました。

僕はどちらかというと無口なタイプですし、人を笑わせるのも苦手です。そのときから、会話ものより、キャッチフレーズ中心の広告づくりに軸足を置くことにしました。

すごいクリエイターは、だいたいワンパターンです。藤子・Ｆ・不二雄は、平凡な家庭が奇妙な居候《いそうろう》と暮らす漫画を描き続けました（『ドラえもん』『キテレツ大百科』『ポコニャン』）。

ジェームス・キャメロンの映画では毎回、強い女性主人公が困難を乗り越えています（『タイタニック』『ターミネーター』『エイリアン２』）。自分の得意技をよく理解しているのです。

ただし、苦手なものでも勉強は怠《おこた》らないでくださいね。青木選手も得意なのは寝技ですが、キックボクシングも並行してトレーニングしています。

総合力があればあるほど、得意技で勝てるのです。

アイデアスキル⑬
組み合わせろ

「アイデアとは既存の要素の組み合わせである」という定義のとおり、さまざまな要素を片っ端から組み合わせてみるのも、1つのやり方です。最初は、まったく関係なさそうな単語同士を、組み合わせてみてください。「ロケット」と「刺し身」、「サッカー」と「F1レース」、「ティッシュ」と「鉛筆削り」などなど。先にダメなアイデアの例として出した「コンビニ」と「アイドルのコンサート」も、組み合わせによる発想の1例です。しばらく良し悪しの判断はしないで、たくさん組み合わせ続けてください。

すると、ごくまれに**「まったく異なる要素同士なのに、マッチしている」**組み合わせに出会うことがあります。これこそが「いいアイデア」です。

2009年の「トヨタ」のCMで「こども店長」というシリーズがありました。トヨタのディーラーの店長をつとめる子どもが、さまざまなサービスを紹介するという企画です。

「子ども」と「店長」という、現実にはありえないけどマッチする組み合わせが、このCM最大の成功要因です。これが「おじさん店長」だったら、自然ではあるけれど、おもしろくもなんともありません。

海外には「レフュジー・ネイション」という有名なキャンペーンがあります。日本語に訳すと「難民の国」です。

2016年のリオデジャネイロ・オリンピックでは、「難民の選手団」が参加しました。世界中の難民たちを代表して、10人の難民のアスリートたちが大会に参加したのです。みんな、それぞれ母国から逃れてきているので、入場時は国旗をかかげられず、国歌の演奏もありませんでした。

そこで考えられたのが「レフュジー・ネイション」です。難民の選手団を「レフュジー・ネイション」という仮想の国家出身と見立てて、国旗と国歌を新しくつくったのです。国旗はオレンジ色の長方形に、黒いラインが横に入ったシンプルなデザイン。難民がボートに乗るときにつけるライフベストをモチーフにしています。

オリンピックとは関係なくつくられた非公式の国旗なので、大会での使用は認められませんでした。しかし、人気が出て応援に使う観客が続出したため、大会終盤になって掲出が許可されたのです。

「難民」と「国」という、正反対ともいえる要素を組み合わせた成功事例です。

いいアイデアを見かけたら、何と何の組み合わせなのか分析してみると、自分がアイデアを出すときに役に立つと思います。

たとえば、

「愛の不時着」＝「北朝鮮問題」×「ラブコメ」

「ｎｏｔｅ」＝「ブログ」×「ソーシャルメディア」

「Ａｐｐｌｅ Ｗａｔｃｈ」＝「ｉＰｈｏｎｅ」×「腕時計」


……などなど。慣れてくると、どのような距離感のものを組み合わせればおもしろくなるのか、カンでわかるようになるはずです。

アイデアスキル⑭
ネガティブ発想

その不満、
言えば愚痴。
書けば文学。

これは「坊っちゃん文学賞」という、愛媛県松山市が主催する文学賞のコピーです。文学の本質が見事にとらえられていると思います。確かに文豪といわれて、前向きにハキハキとしゃべる人物像はあまり浮かびません。どことなく屈折していて、内面の苦悩を文字にして吐き出しているようなイメージがあります（完全な偏見です！！！）。

実は、文学だけではなく、アイデアも同じです。

「アイデア」という言葉には、オシャレで前向きでポジティブな雰囲気があります。実際、いいアイデアは世の中にポジティブな変化をもたらすものです。しかし、アイデアを出す過程までがポジティブかというと……そんなことはありません。ネガティブな感情をきっかけに、ポジティブなアイデアが生まれることは、しばしばあるのです。

ブロガーや作家として活躍するはあちゅうさんは、こんなコメントをしています。

私は「怒った経験は、お金になる」と思っています。イラッとするものは、自分にとって見過ごせないものなんです。「OB訪問に来た大学生が世の中をナメててムカつく」とか「おじさんにご飯に誘われたのにタクシー代をくれない」とかそういう感じです（笑）。
（拙著『100万回シェアされるコピー』より）

愚痴やイラつきなど、ネガティブな感情は、人間性の本質的なところと結びついています。アイデアを出す上で、格好のヒントなのです。もしあなたがネガティブ思考だったり、グチっぽい性格だったりしたら、アイデア・パーソンの素質十分。ネガティブ発想からアイデアを出す方法を試してみましょう。
そのためには、ふだんからちょっとしたネガティブな感情を、大切に覚えておくといいと思います。たとえば、次のような感じです。

◇ログインするたびにパスワードを入力するのが面倒。けっこう忘れちゃうし。
↓パスワード不要だけどセキュリティは強固なECサイトをつくれないか？

◇スマホの顔認証のたびに、マスクを外すのが面倒。
↓目や音声による認証システムを搭載できないか？

◇靴ひもを結ぶのが面倒くさい。なぜか必ず斜めになるし。
↓靴ひものないスニーカーを開発できないか？（これはナイキが実際に発売しました）

などなど、いくらでも出てくると思います。

音声でコミュニケーションをする新興ソーシャルメディアの「クラブハウス」も、

「ＹｏｕＴｕｂｅやＴｉｋＴｏｋをやってみたいけど、顔を出すのは抵抗があるなぁ……」というモヤモヤから生まれたのではないかと思います。クラブハウスで発信をしているのは、30〜40代以上のビジネスパーソンが中心。世代的にも立場的にも、動画で顔を出すのは抵抗がありそうな人たちです。

僕がかかわった事例にも、ネガティブ思考から出発したものがあります。

「サンスター」は２０１６年に「Ｇ・Ｕ・Ｍ　ＰＬＡＹ（ガム プレイ）」というプロダクトを発売しました。小さな部品を歯ブラシにつけるだけで、スマートフォンと連動させて歯をみがけるようになります。歯科衛生士の歯みがきデータと比較して、「奥歯をもっと長時間、みがきましょう」とアドバイスしてくれたり、子どもたち用にバイキンをやっつけるゲーム感覚で歯をみがける機能があったり。毎日やっている歯みがきを新しい体験に変えてくれます（今でもアマゾンで売っているので、興味がある方はぜひ使ってみてください）。

「歯みがきをワクワクする楽しいエンタメにしよう！」……そんな前向きな雰囲気が感じられる「Ｇ・Ｕ・Ｍ　ＰＬＡＹ」ですが、出発点は正反対です。僕がこのプロダクトに書

いたキャッチフレーズは、

歯みがきを「やらなくちゃ」から「やりたい」へ

というものです。

歯みがきをやりたくてやっている人はいない。虫歯になりたくないとか、ずっと続けてきた習慣だからとか、みんな義務感を持ってやっている。「イヤイヤやっている歯みがきだけど、やりたくてやるようになったら、人生が変わると思いませんか?」そんな提案をしたほうが、多くの人に共感してもらえると思ったのです。

このように、毎日の中に隠れている「小さなネガティブ思考」は、格好のアイデアのタネなのです。しかし、1つ要注意ポイントがあります。**仕事の上では、ネガティブは思考に留めて、けっして言葉にはしないようにしてください。**

「悪い言葉を発すると、悪い言葉は必ずあなたを悪いところへ連れてゆきます。いい言葉を発すると、いい言葉は必ずあなたをいいところへ連れてゆきます」

ツイッター・フォロワー数6・4万人を誇り、ベストセラー『読みたいことを、書けばいい。』（ダイヤモンド社）の著者でもある田中泰延《たなかやすのぶ》さんは、こう語っています。ネガティブな言葉ばかり発している人には、ネガティブな仕事が集まるようになります。これは精神論ではなく、きわめて論理的で現実的な流れなのです。

考えてみてください。あなたが会社の社長だったとして、いつもネガティブな言葉を発している部下には、ネガティブな仕事を任せようと思いませんか？　逆に、ポジティブな仕事はポジティブな人に任せますよね？

とはいえ、人間誰しも愚痴や悪口の1つや2つ、言いたくなることはあるでしょう。そんなときは恋人やパートナー、学生時代の友人など、仕事から離れた人間関係で発散するのがいいと思います。もちろん、プライベートであっても、聞いてくれる相手への感謝は忘れずに。

アイデアスキル⑮
ひっくり返せ

人の注意を引くいちばん手っ取り早い方法は、「当たり前と逆」をやることです。推理小説がおもしろいのは、犯人ではなさそうな人が犯人だからですよね。コワモテで、見るからに悪そうな人が犯人だったら、誰も読みません。

ひっくり返して大成功したアイデアの例として先述のクラブハウスが挙げられます。たくさんのソーシャルメディアが乱立する中、加入のハードルを下げるのが、ユーザーを増やす当たり前のやり方です。しかし、クラブハウスがやったのはその真逆でした。既存ユーザーから招待をもらわなければ加入できない招待制にして、ハードルを上げたのです。しかも、当初設定された招待枠は、たった2つです。

しかし、これがきっかけでクラブハウスは短期間で爆発的に注目が高まりました。「招待された人だけが入れる」と言われると、かえってありがたみが増して入りたくなるものです。さらに加入した後は、自慢するために他人を招待したくなります。人間の自然な感情を利用した、見事なアイデアです。アプリのデザインもスタイリッシュで、「選ばれた人の場所」であることが強調されています。

もう1つ、海外事例を見てみましょう。アメリカのアウトドアストアスポーツ店「ＲＥＩ」が２０１５年に行った「＃ＯｐｔＯｕｔｓｉｄｅ（外を選ぼう）」というキャンペーンです。

アメリカでは11月第４木曜日の翌日は、「ブラック・フライデー」と呼ばれています。この日は感謝祭の翌日で、多くの職場が休みになるのです。そこで、休日に外出する人々をターゲットに、小売店などで大規模な安売りが実施されます。「赤字のお店も一気に黒字になる」というのが、ブラック・フライデーの由来です。

この年間最大のビジネス・チャンスに、ＲＥＩはセールを実施しませんでした。それどころか全１５１店舗を休業し、加えてオンラインでの販売も休止したのです。ＲＥＩの顧客は、アウトドアライフを楽しむ人々。せっかくの休日は人混みだらけのセール会場より、自然の中で健康的に楽しんでほしい、という判断です。

さらにＲＥＩは約1万２０００人の社員に有給休暇を与え、家族や友人とアウトドアを楽しめるように計らいました。

「＃ＯｐｔＯｕｔｓｉｄｅ」は大反響となり、ソーシャルメディアでのＲＥＩへのコメントは７０００％（！）上昇。27億インプレッションものＰＲ露出を獲得しました。ショッピングのかわりにアウトドアで過ごすことを選んだ人の数は約１４０万人。さらに、１５０を超える別のお店がＲＥＩに追随して休業し、何千もの国立公園が当日に敷地を無料開放しました。

「誰もがセールをする日に、しない」というシンプルなアイデアが、広告キャンペーンを超えた社会現象になったのです。

インプットスキル①「観察、観察、観察」の項でも、「当たり前を禁止しよう」と書きました。当たり前を見つけたら、とりあえずひっくり返して考えてみるクセをつけるといいと思います。

ひっくり返して大成功した例

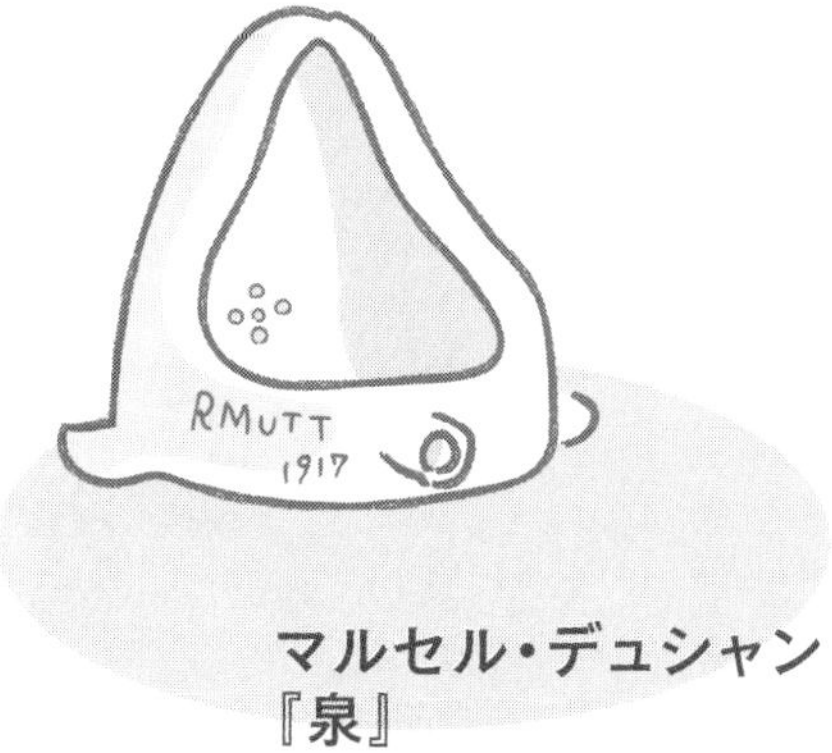

マルセル・デュシャン『泉』

それまで芸術と対極にあったものを芸術に変えた。

20世紀でもっとも重要な美術作品の1つ。

スターバックス日本1号店

いちはやく全面禁煙をスタート。

「喫茶店＝タバコを吸うところ」

という当たり前をひっくり返した。

アイデアスキル番外編①
会議は手ぶら厳禁

物事を生み出す仕事は、本質的に孤独なものです。内なる自分と対話し、ひたすらアイデアを出し続ける必要があります。しかし、ひととおり出し終わったら、次は外の世界に出ていかなくてはいけません。

それが「アイデア会議」です。**あなたが孤独のうちに生み出したアイデアは、クライアントや上司、同僚など、複数の人々のチェックを経てはじめて実現するのです。**

アイデア会議の進行が難しいのは、みなさんが実感しているとおりです。

苦労して出したアイデアは、まさに自分の分身。それを大勢に見せてディスカッションするだけでも、相当なストレスです。耳に痛い意見が出れば、感情的にもなるでしょう。

逆に、他の人のアイデアに口を出すのも気をつかうものです。いいアイデアではなく、声の大きい人のアイデアが通ってしまうことも、少なからずあります。

正直に告白すれば、僕はアイデア会議が苦手です（笑）。もともとひとりが好きな性格なので、大人数で集まるとなると緊張します。今でも会議後、自分の言動のつたなさに落ち込むことがあります。

しかし、苦手なりに「こうすればアイデア会議は乗り切れる」というノウハウはあります。苦手なぶん、天性の才能に恵まれた人より参考にしてもらえる部分が多いかもしれません。

ここでは「アイデアスキル番外編」として、生産的なアイデア会議を行う方法を5つ紹介していきたいと思います。

まず、大前提として、**会議にノーアイデアで臨まないこと。**1人でなにも考えてくることなしに会議に出席し（広告業界では〝手ぶら〟といいます）、その場でアイデアを出そうとするのは厳禁です。

会議では議論の内容以上に「文脈」や「空気」が重視されるので、結論が抽象的になりがちです。だから、事前に出した具体的なアイデアをベースに、ディスカッションをする必要があります。**これをサボると、どれだけ話しても明確な結論が出ず、ウンウンうなっ**

て数時間過ぎる……というトホホな展開に、必ずなります。

ひと昔前までは、手ぶらで集まって朝までダラダラ話してアイデアを出すチームもありました。いうまでもなく、こうしたやり方はもはや時代に合っていません。同じチームがアイデアを持参して集まれば、1時間で会議を終了できたでしょう。

また、アイデアは必ず紙に出力、もしくはパワポやキーノートで、スライド化してくださ い（先述しましたが、複雑なものをつくる必要はありません。とにかく大きい字でシンプルに書く！）。

口で説明するためのアイデアは、アイデアではありません。必ず文字で書かれていなくてはいけないのです。

アイデアスキル番外編②
リーダーを決めろ

就職活動や企業研修などで、アイデアのグループワークに参加した経験がある人は多いと思います。僕はこれが大嫌いです（苦笑）。恥ずかしながら、この手の集まりでいい結果を出せたことは一度もありません。机の真ん中にカラーマーカーやふせんが置いてある、あの光景を思い出すだけでも憂うつな気持ちになります。

僕のコミュニケーション力が足りないせいだといわれれば、そうなのかもしれません。しかし、実作業で活躍している人がグループワークでも同じかというと、実情は異なるように思います。

グループワークがうまくいかないのには、理由があるのです。グループワークと実作業のアイデア会議の最大の違い。それは、**リーダーがいない**ことです。

広告会社のアイデア会議には、「クリエイティブ・ディレクター」と呼ばれるリーダーが必ず出席します。文字どおり、方向性を定めるリーダーです。議論が紛糾《ふんきゅう》したら交通整理してくれるし、最終的にどのアイデアを選ぶのかも決めてくれます（してくれない人も、たまにいますが……）。

会議には、さまざまなクリエイターが集まります。専門や性格、年齢など、すべてバラバラです。みんなを束ねるクリエイティブ・ディレクターがいるからこそ、生産的な議論になるのです。

これは広告業界にかぎらず、どの世界でもきっと同じですね。プロジェクトリーダーなど、必要に応じて会議をセッティングした人物がいるはずです。

対照的に、ワークショップはリーダー不在です。ふだん一緒に仕事をしているわけでもないメンツが集められて、いきなり「はい、考えて」と投げっぱなしにされます。これでいい結果が出るわけがありません。

ましてや、シャイな日本人同士です。遠慮がちに議論するも話は弾まず、制限時間ギリギリになってなんとなく決めた案を仕上げる。客観的にいい案ではなく、声の大きい人の意見が採用されてしまう。そんな事態になることがほとんどではないでしょうか。

アイデア会議では、必ずリーダーを決めるようにしましょう。上司や先輩など、他の場面でもリーダー役を務めている人であれば、みんな納得できると思います。

自分がまだ若くて会議を仕切ることに抵抗があるのであれば、上司や先輩に「リーダー役になっていただけませんか」とお願いしてはどうでしょうか。言われたほうも悪い気はしないはずです。年齢や役職にとらわれず、会議を開くことを提案した言い出しっぺがリーダーになるのもいいですね。

グループワークで、縁もゆかりもないメンバーが集められた。**そんな場合は、あなたがリーダーになってしまってもいい**のです。

とはいえ「リーダーをやります！」なんて宣言をするのは、ちょっと恥ずかしいですよね。大丈夫。そんなことをする必要はありません。

これまで説明してきたやり方で、誰よりもたくさんの量のアイデアを出せばいいのです。

そうすれば**自然と、あなたがリーダーだとみなされるようになります。**

アイデアスキル番外編③
人に乗っかれ

苦労して出した100案をアイデア会議にかけ、自分のアイデアが採用されるように願う——緊張の瞬間ですね。

しかし、ここは冷静になって考えましょう。**会議の目的は、自分のアイデアを通すことではありません。いいアイデアを選ぶことです。**自分のアイデアにこだわると、会議そのものが苦痛になります。どんどんネガティブな思いがふくらんで、かえって採用されなくなる悪循環が起きかねません。

自分よりいいアイデアを他の人が出したら、素直に認めましょう。そして、採用されるようサポートするのです。もし、そのアイデアが世に出てヒットしたら、それはあなたの功績でもあります。

また、他の人のアイデアを見て、「こうしたら、もっとよくなりそう！」と思ったら、どんどん発言するようにしてください。もちろん、他の人の自分に対する意見も、積極的に受け入れましょう。誰かのアイデアをそのまま選ぶだけなら、会議などしなくてもメールで十分です。集まって話して、アイデアをどんどん発展させていくことが、会議の醍醐《だいご》味《み》です。

では、どうやってアイデアに乗っかるのか？　１つ具体例を紹介しましょう。

僕が担当した『鬼平犯科帳《おにへいはんかちょう》』という時代劇画の仕事があります。池波正太郎の小説を『ゴルゴ13』のさいとう・たかをが劇画にしています。書店はもちろん、コンビニにも必ず置いてある人気作なので、一度は見かけたことがある人も多いと思います。クライアントからの依頼は「25周年記念キャンペーンとして、普段は読まない若い人にも鬼平の魅力を伝えたい」というものでした。

この仕事での僕の役割は、クリエイティブ・ディレクターです。リーダーとしてみんなのアイデアをまとめ上げなくてはいけません。

会議には、チーム全員がたくさんのアイデアを持ってきてくれました。その中に、「少女漫画風の表紙デザインのスペシャル単行本を発売する」というものがありました。

火付盗賊改方《ひつけとうぞくあらためかた》という、凶悪犯を取り締まる仕事をしている鬼平。カタブツに見えて実は愛妻家です。劇中で奥さんと仲よく過ごす場面がしばしば出てきます。そうしたエピソードばかり集めて、若い女性向けの単行本をつくろう、というのです。

「これは絶対、話題になる」そう確信したので、すぐにクライアントに提案するアイデアとして採用しました。しかし、ここで満足してはいけません。誰かがいいアイデアを出したら、もっとよくできないか、みんなでディスカッションしなくてはいけないのです。**いいアイデアは、さらなるいいアイデアを引き寄せます。**逆に、ここでディスカッションが盛り上がらなかったら、もとの案が本当にいいのかどうかを疑ったほうがいいと思います。

みんなで話した結果、「少女漫画だけではなく、ラノベやＢＬ（ボーイズラブ）版の表紙もつくる」というアイデアに発展させて、プレゼンに臨みました。

クライアントの評価も高かったのですが、思いどおりにいかないのがビジネスです。さまざまな事情で単行本化は不可能という結論になりました。

ここであきらめてはいけません。たとえ本の表紙でなくても、鬼平が少女漫画やラノベになる絵には一度見たら忘れられないインパクトがあります。そこで「単行本化が難しければ、ポスターにして書店に貼りませんか？　ソーシャルメディアでのバズも期待できる

『鬼平犯科帳』の乗っかりアイデア

ロマンチックな
少女マンガ風から……

BL版も
つくりました

ラノベ風にアレンジして

これはハリウッド超大作風!

CD、CW：橋口幸生
AD：前田大作
CW：村上貴義、新井奈生

と思います」と提案したのです。結果、ポスターは「6万リツイート、5万いいね！」という数字を叩き出した、大ヒット作となりました。

もし、誰かひとりでも「他人を蹴散らして、自分のアイデアを通すぞ！」という態度だったら、この成功はなかったでしょう。

1つのネタをもとに、いろんなアレンジができないか？

もっともっとおもしろくするために、どう展開できそうか？

自分のサポートで、このアイデアをもっとふくらませられないか？

アイデア出しは、ミュージシャンのジャムセッションに似ています。みんなの打ち出し方や反応を見て、臨機応変でいることを心がけましょう。

アイデアスキル番外編④
24時間保留

「おもしろいアイデアを、どうやって通すんですか？」

講演などで、本当によく聞かれる質問です。

渾身の名アイデアを、クライアントや上司にボツにされてしまった経験は、誰でもあるでしょう。石頭の偉い人たちを説き伏せる手立てなしには、アイデアなんて実現できない――そんなふうに思うのは無理のないことです。

しかし、僕はアイデアを「通した」ことは一度もありません。**クライアントのパートナーとして、一緒にアイデアをつくる**、というスタンスでいます。

もしあなたが、クライアントや上司だったとしましょう。**アイデアを通すぞ！　という**

スタンスで向かってくる人のことを、どう感じるでしょうか。……ちょっとイヤですよね。アイデアの良し悪し以前に、その攻撃性にひるんでしまい、信頼関係を築くことが困難になると思います。

「通す」というスタンスでいると、かえって通らなくなるのです。

自分がどんなにいいと信じているアイデアでも、固執してはいけません。ビジネスでは、思いどおりにいくことのほうが少ないものです。自分のアイデアをそのまま世に出すことはほぼ不可能ですし、その必要もありません。くり返しになりますが、重要なのは、いいアイデアを世に出すことです。

アイデアに対して、意に沿わない改変を要求されることもあるでしょう。アイデアは自分の分身のようなもの。ついムッとしてしまう気持ちは、よくわかります。

しかし、**どんな意見でもまずは耳を傾けて、検証するクセをつけてください。**

即座に反論してはいけません。「は？　全然わかってないな」とムカッとしたときほど、必ず「いったん保留」です。クライアントや上司は、良くも悪くも、あなたとはまったく異なる視点でアイデアを見ています。そこからのフィードバックは、発想を飛躍させるチャンスでもあるのです。

僕の知るかぎり、活躍しているビジネスパーソンは全員、この能力に長《た》けています。クライアントの「それは無茶でしょう……」というフィードバックがあっても、それを利用してさらに改善していく人を、たくさん見てきました。

逆に、パッとしない人ほど自分のアイデアに固執し、不本意なフィードバックを受けると感情的に拒絶します。

だから、とりあえず「保留」。1日ほど、いや、1時間でも保留にすれば、ざわついていた心が少し落ち着きます。それでも**どうしても納得できない改変を要求されたときは、できるかぎり理性的に、正直にその旨を伝えましょう。**その改変がアイデアをダメにし、クライアントや上司にとっても損失であることを、ロジカルに説明してください（感情的になるのは厳禁ですよ）。

ふだん、どんな意見にも耳を傾け、真摯《しんし》に対応しているあなたのことです。きっと、受け入れられると思いますよ。

①質より量――まずは数を出すことだけを考える。

②ふせん禁止――オシャレな文房具は発想を妨げる。どこにでもあるＡ４用紙で十分。

③パワポ禁止――パワポは体裁を整えるツール。アイデア出しには使えない。

④画像禁止――いいアイデアは、必ず文字だけで説明できる。

⑤ツール不要――手を動かしてとにかく書け。

⑥余白を活かせ――真っ白な紙を埋めるのが苦痛なときは、チラシなどの隅っこに書く。

⑦時間を決めろ――「空いた時間でやる」は、「一生やらない」と同じ。

⑧視点を変えろ——会社員、主婦、保育園児などなど。カメレオン俳優を目指そう。

⑨自分インタビュー——埋もれたリアルな記憶を引き出す。

⑩類語辞典を使え——単語を引いて、芋づる式に発想を広げる。

⑪ながらアイデア出し——皿洗い、風呂掃除など……退屈な作業こそが人を創造的にする。

⑫フィニッシュから逆算——必殺技に持ち込め。なんでもできる人はいない。

⑬組み合わせろ——異なる組み合わせから、新しい関係性を見つける。

⑭ネガティブ発想——愚痴や不満こそ、アイデアのタネだ。

⑮ひっくり返せ——「当たり前」をひっくり返すクセをつける。

4

「最高の1案」の選び方

なぜ「好き・嫌い」で判断してはいけないのか

美術の授業などで「あなたが感じるままに作品を観賞しましょう」なんてことを言われた記憶はないでしょうか。残念ながら、これは観賞者として間違った態度です。

すべてのアートにはテーマや作者の意図、作品が置かれた文脈と、評価された理由があります。 そうしたものを読み解かなければ、作品を理解することはできません。「キレイだな」だけでは、教養が深まったり、人生が豊かになったりすることはないのです。

素人が趣味でアートを楽しむのであれば、それでもいいのかもしれません。しかし、ビジネスパーソンがアイデアに向き合う態度としては失格です。**アイデアのプロが、アイデアを好き嫌いで判断することは決してありません。必ず具体的な基準に照らし合わせて、いいものを選んでいます。**

これこそプロとそうでない人を分ける、いちばんの違いかもしれません。

選び方スキル①
「共感」と「発見」

どんな人でも100案考えれば、その中に絶対にいい案が入っているもの。

しかし、その100案から「これだ！」という案を選び出すには？

最高の1案ではなく、つまらない99案の中からアイデアを選んでしまったら、せっかくの100本ノックも水の泡になってしまうのでは――。

「いいものと悪いものの区別がつかないなんて、ありえない」と思われるかもしれません。

しかし、映画でも漫画でも食べ物でも、個人的には好みではないものが大ヒットした経験は、誰にでもあるはずです。少し前に「タピオカ・ミルクティー」が大流行したことがありましたが、僕にとっては予想外でした。

たとえば、みなさんが「若い女性のための、新しいスイーツのアイデア」を考えることになったと想像してください。メロンパン大福、黒糖ショートケーキ、チーズのシェイクなど……、がんばって100案出したとします。そして、その中に「タピオカ・ミルクティー」というアイデアがあったとします。あなたはズラリと並んだ100案の中から、流行る前に、タピオカ・ミルクティーを選べる自信がありますか？

僕はありません。個人的においしそうだと感じる、黒糖ショートケーキを選んでしまったと思います（笑）。

アイデアは、あなた以外の誰かにとって価値がなければいけません。しかし、苦労して出した案は、自分の分身のようなもの。どんな内容であれ自分にとっては価値があります。客観的に見るのは難しく、つい主観的な「好き嫌い」で判断してしまいがちなのです。

僕が駆け出しのころ、いちばん苦労したのがこの問題でした。

なんとか100案考えることはできるようになったものの、自分がいいと思ったコピーがまったく評価されないのです。さらに、他の人が書いた、全然よくない（……と、当時の僕には思えた）ものが評価されたりする。毎日これが続いたので、精神的に追い込まれていました。

努力をしなかったわけではありません。仕事に関係ありそうな本はすみずみまで読みました。「写経」と呼ばれる、優秀なコピーを書き写してみる作業もマジメにやりました。

しかし、ここでも同じ問題が起きました。自分がピンとこないコピーが名作として紹介されていることが、少なからずあったのです。

たとえば、次のようなものです。

遊んでいるのではない。
給料に合わせて
働いているのだ。

（「Suntory Reserve」１９８９年）

ウイスキーのコピーです。「くたびれたサラリーマンみたいだなぁ。なんでこれが名作なんだろう……」と、才能も実績もないド新人のくせに、偉そうに思っていました。**ヒット曲を聴いて「最近のリスナーはレベルが低いな」なんて的外れな文句を言っている人と変わりませんね。**これでは仕事で成果が出るわけはありません。

ヒット作が持つ「2つの基準」

そんな憂うつな毎日を過ごす中、転機が訪れました。

数多くのヒット広告を手がけ、社内でエースと目《もく》されている先輩コピーライターの下につくことになったのです。入社以来、初めてのチャンスに張り切り、100案どころか数百案の、辞書のような厚さになったコピーの束を抱えて会議室に向かいました。

当時の会議はアナログそのもの。A4用紙に印刷されたコピーを、机に並べていきます。机はすぐにいっぱいになってしまうので、床に並べます。床もいっぱいになると、次は壁です。セロテープでペタペタと張っていきます。最終的には、視野のすべてが文字で埋め尽くされます。先輩はズラリと並べられた案を、1つひとつ、ていねいに見てくれました。

そのあと、こう言いました。

「たくさん考えてくれてありがとう。これだけあると、何がいいかわからなくなってくるよね。**いいコピーには〝共感〟か〝発見〟が、あるもの**なんだよ。この基準で、書いてくれたものを見ていこうか」

この言葉を聞いた瞬間の、「目からウロコが落ちた」感覚は、忘れられません。

今でも先輩の表情や会議室の風景とセットで記憶しています。このとき、僕は初めて気づいたのです。

コピーとは、読み手に「共感」と「発見」を与えることを目的にした文章なんだ。主観的な好き嫌いでなく、明確に良し悪しを判断できるものなんだ、と。

たとえば、みなさんの記憶に残る名コピーを思い出してみましょう。

「想像力と数百円」（新潮文庫）→ **発見**
「恋は、遠い日の花火ではない。」（サントリー）→ **共感**
「四十才は二度目のハタチ。」（伊勢丹）→ **発見**
「Just do it.」（ナイキ）→ **共感**

あなたの好き嫌いにかかわらず、「共感」か「発見」があるという点は共通していることとがわかると思います。

先ほど挙げた、かつて僕が理解できなかったコピーを、もう一度見てみましょう。

遊んでいるのではない。
給料に合わせて
働いているのだ。

ちょっと疲れたサラリーマンの「共感」を明確に、狙っていることがわかります。僕も疲れたサラリーマンになってしまった今となっては、100％共感です（笑）。

この話はコピーにかぎったことではありません。どんなアイデアも「好き嫌い」で選ぶのは厳禁です。必ず具体的で客観的な「基準」を持つようにしてください。

アートディレクターの佐野研二郎《けんじろう》さんは自身のデザインの指針を「シンプルであること。明快であること。太くあること。Simple. Clear. Bold.」と語っています。

また、チップ・ハースとダン・ハースの著書『アイデアのちから』（日経BP社）では、人々の記憶に残りやすいアイデアの条件として、次の6項目を挙げています。

プロダクトにある「共感」と「発見」の例

「世界初アルコール分0.00%のビール」(キリン)

・車で出かけたら飲めないんだよなあ 共感

・アルコール・ゼロでも味はビール! 発見

「鍋キューブ®」(味の素)

・市販の鍋のスープって量が多いよね? 共感

・1人鍋ってアリなんだ! 発見

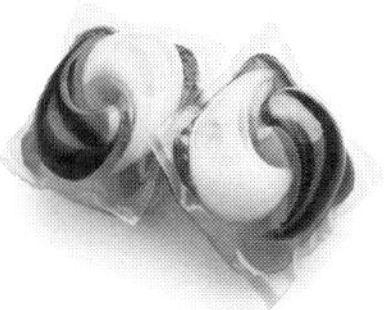

ジェルボール型洗剤(P&G)

・いちいち洗剤の量を計って入れるの面倒くさい 共感

・手も汚れないし、かさばらない! 発見

◇単純明快である
◇意外性がある
◇具体的である
◇信頼性がある
◇感情に訴える
◇物語性がある

佐野さんも、『アイデアのちから』も、同じことを別の言葉で表現しているのだと思います。

あなたもぜひ、自分なりの基準をつくってください。そのためにはいいアイデアにできるだけたくさん触れて、目を養わなくてはいけません。

「ホンモノ」を見ておく

美術品を鑑定する人気テレビ番組があります。壺や掛け軸などさまざまなものが出品されますが、素人目には価値があるのかないのか全然わからないですよね。由緒ある日本画に見えたものがただのお土産品だったり、ガラクタのおもちゃにしか見えないものが数十万円の価値があったり――そのギャップに、毎回驚かされます。

アイデアも同じです。価値を見抜く目がなければ、いい案は選べません。あなたもこれまで、数百万円の価値がある提案を、知らずしらずのうちにドブに捨てたことがあるかもしれません……。

プロの鑑定人は、**「目を養うには、とにかく本物を数多く見るしかない」**と言います。素晴らしい作品を実際に見る機会をたくさん持つ。そうすることではじめて、価値が見抜けるようになるのだ、と。

アイデア・パーソンになるために、あなたもぜひいいアイデアを浴びるように見る習慣をつけてください。僕がおすすめするのは世界の「広告賞」を見ておくことです。

代表的な広告賞には、東京コピーライターズクラブ（ＴＣＣ）が開催しているもの、東京アートディレクターズクラブ（ＡＤＣ）のもの、カンヌライオンズ（正式名称は「カンヌライオンズ国際クリエイティビティ・フェスティバル」といい、世界中の広告やデザインを表彰する、年1回のお祭りです）といったものがあります。

これら国内外の広告賞は、「いいアイデア」のサンプル集のようなものです。**広告業界の人以外にも大いに参考になる**と思います。本がたくさん出ていますし、検索すればネットでも情報が手に入ります。活用しない手はありません（先に紹介した「レフュジー・ネイション」や「#OptOutside」も広告賞受賞作です）。

特に**「個人的には好きじゃないけど、世の中では受け入れられている物事」に注目して、理由を分析してみることをオススメします。**その積み重ねが、あなたなりの「基準」になっていくのです。

『愛の不時着』が流行った基準を考えてみよう

課題

『愛の不時着』が流行った
「基準」を考えてみよう

- 主人公は自立した、
  現代的なキャリア・ウーマン　**共感**
- 寡《か》黙《もく》でストイックだけど、
  純情なイケメン軍人　**意外性**
- 王道のラブコメ展開　**単純明快**
- ふだんは見る機会のない、
  北朝鮮の生活　**発見**

アイデア出しの参考にしたいサイト

TCC
https://www.tcc.gr.jp/

ADC
https://www.tokyoadc.com/

カンヌライオンズ国際クリエイティビティ・フェスティバル
http://www.canneslionsjapan.com/

選び方スキル②
「長所・短所」で選ばない

アイデアをたくさん出せば出すほど、いいものが含まれている可能性は上がります。しかし、たくさんのアイデアを見るうちに混乱して、何がよくて何が悪いのかわからなくなってきますよね。

こういうとき、多くの人はアイデアの長所と短所を書き出して、比較しはじめるのですが……最悪です！　絶対にやってはいけません。

最高のアイデアにも短所はあり、最低のアイデアにも長所があるからです。

『鬼滅の刃』を例に、考えてみましょう。社会現象となったヒット作であり、疑いようもなく最高のアイデアです。しかし、連載作品を決める会議で、短所ばかり指摘する上司に当たってしまったら、どうなるでしょうか？

「『鬼滅の刃』？　キメツって読むの？　やっぱり少年漫画のタイトルは『ワンピース』とか『ドラゴンボール』とかさぁ、カタカナのほうがいいよね。

キャラクターの名前も難しいなぁ。竈門炭治郎《かまどたんじろう》や禰豆子《ねずこ》、子どもは読めないよ。煉獄《れんごく》杏寿郎《きょうじゅろう》なんて論外。

敵が鬼というのも地味だよね。桃太郎じゃないんだからさ。やっぱり巨人とか、宇宙人とか、派手にしないとＰＲに乗らないよね。

連載は見送ろう！」


僕たちはもう『鬼滅の刃』の大ヒットを知っているので、ありえないやり取りだと思ってしまいます。しかし、こうした会議が日夜、日本中で行われているのはみなさんもご存じのとおり。そして、数多くの素晴らしいアイデアがつぶされていくのです。

アイデア会議は、本来、世の中になんらかの効果をもたらす案を選ぶための場所です。しかし、ビジネスにはリスクがつきものです。責任や面子《めんつ》だって気になります。もし失敗してしまったら……と、どんどん不安になっていきます。そして、始まるのはあら探し大会です。ありとあらゆる方向から短所を指摘され、アイデアは死んでいきます。

それなら、「長所で選べばいいのでは?」と思うかもしれません。しかし、こういう場合、長所は「短所がないこと」とされてしまいがちです。短所がないというのは、言い換えれば「特徴がない」ことです。結果、最高のアイデアではなく、誰も反対しない凡庸なアイデアが選ばれてしまいます……。

「長所・短所」ではなく、「基準」で選ぶことを心がけてください（先に紹介した『共感』と『発見』でもいいですし、あなたが経験の中でつちかったものでもかまいません）。

とはいえ、会議が長引けば長引くほど頭が混乱してきて、長所・短所の議論が始まってしまうものです。そんなときは**「そもそも、このアイデアで何をしたかったのか?」**と、話を振り出しに戻すようにしましょう。

場の流れを断ち切るには勇気がいります。空気が読めないやつ、と思われることもあるでしょう。しかし、「タピオカ・ミルクティー」や「鬼滅の刃」を選びそこねることに比べれば、ずっとマシだと思いませんか?

アイデアを選ぶときの思考フロー

新しい商品／サービス

この商品に共感できるか

YES

・これ欲しかった！

・私の気持ちをわかってくれる

・自分用にカスタマイズしてくれる

NO

ボツ！

このサービスに発見はあるか

YES

・今までにない体験ができる

・新しい世界が拓《ひら》ける

・あきらめていたことができるようになる

NO

ボツ！

選び方スキル③
人の意見を鵜呑《うの》みにする

1章で「自分のアイデアはよく見えてしまう病」について書きました。

もちろん、僕も例外ではありません。新人時代のアイデアなんて、今、見直すとひどいものばかり。こんなときは自分のダメさを素直に認め、なぜアイデアが評価されないのかを冷静に分析すべきなのです。

……が、僕はそんなにデキた人間ではありませんでした。

それどころか、評価しない上司や広告賞の審査員のほうが悪いと、開き直っていたのです。

「あーあ、僕の才能を見抜く人がいればいいのに……」

恥をしのんで告白すれば、そんなふうに思っていました。

本書を読んでくれているみなさんには、同じ間違いをしてほしくありません。

もし、あなたがアイデア初心者なのであれば、数年間は上司や審査員の意見はすべて鵜呑みにしてください。

同僚や友人、家族にグチれば、優しい言葉をかけてもらえることもあるでしょう。

「みんな見る目がないね」「いいものが見落とされることは、よくあるよ」

僕もそんな言葉に慰められ、チンケなプライドを保っていました。

しかし、**これらは「慰め」ではありません。「呪いの言葉」です。**

相手は、あなたのアイデアを本当にいいと思っているわけではありません。あなたに嫌われたくないだけです。絶対に耳を貸してはいけません。

そもそも、自分のアイデアが評価されなくても、落ち込む必要なんてないのです。**評価されなかったのはアイデアであって、あなたではありません。**

どこがダメだったかを客観的に見つめ、どうすればよくなるかを考える。これ以外に成長の道はありません。**耳に痛い指摘こそ、あなたを成長させてくれる**のですから。

もしあなたが「選ぶ人」なら、覚えておきたいこと

ちなみに、あなたに部下がいて、「もっと積極的にアイデアを出してほしいな」と思うなら……。マイケル・A・ロベルトの著作『Unlocking Creativity: チームの創造力を解き放つ最強の戦略』（東洋経済新報社）で述べられていることが、参考になります。

部下が「この場ではどんなアイデアを出しても、大丈夫」と思える「心理的な安全性」を強く実感できる環境をつくるにはどうすればいいか？

それには、リーダー自身が部下に新しいアイデアやネガティブな情報をどんどん持ってきてほしいという姿勢を示しましょう。

たとえば、

1　反対意見を歓迎すること
2　上司が自分自身の失敗について話すこと
3　悪い知らせや正直な意見を伝えてくれた誠実さに感謝すること

どんな意見でも言ってほしいと伝えましょう。また、否定的なことを口にしてもキャリアに影響しないと約束することも必要です。

「部下からアイデアどころか報・連・相もない。どうなってるんだ?」と思ったときは、あなた自身がこれらのことを実践できていない可能性があります。

選び方スキル④
外野に見せる

上司や審査員以外では、無関係な外野の意見も大いに参考になります。予算や納期、社内の人間関係から自由なので、客観的な視点からアイデアを見てもらえる可能性が高いからです。

これが関係者だと、うまくいきません。同期や同業の知人であれば、アイデアに正しい評価を下すより、あなたへの気づかいを優先するでしょう。また、後輩が年上のあなたに厳しい意見を言うはずがありません。

僕の趣味は格闘技観戦だと書きましたが、強い選手ほど出稽古で自分より強い選手と練習をしています。逆に自分のジムをかまえて、後輩や格下の選手とばかり練習するようになると、とたんに試合で勝てなくなります。

ビジネスも格闘技と一緒です。外の目にさらされることに意味があります。

手っ取り早くアイデアを見せる外野としてオススメなのは、恋人や家族、学生時代の友人などです。信頼関係はあってもビジネス上の利害関係がないので、忌憚《きたん》のない意見が出てくる可能性があります。

ときには「わかってないな〜」という意見が飛び出すこともあると思いますが、それこそ飛躍のチャンスです。**アイデアとは既存の要素の組み合わせ。突拍子もない意見を取り入れることで**でもっとよくなる可能性があります。「アイデアスキル番外編③　人に乗っかれ」を思い出してください。

アイデアを見せるときは、背景や事情などは説明しないようにしてください。いきなり見せて、第一印象の意見をもらい、参考にする。以上です。「いい／悪い」と思った理由を聞くなど、深追いはやめましょう。踏み込めば踏み込むほど相手もあなたも混乱し、まともな判断ができなくなります。

また、客観的な意見をもらうには、**日ごろから信頼をベースにしたフラットな人間関係を築く**ことが欠かせません。

アイデア出しの名人というと頑固な芸術家肌の人物をイメージしがちですが、現実はまったく逆です。いばらず、おごらず、他者の意見に謙虚に耳を傾ける――そういう態度でいなければ、そもそも人から正直な意見をもらうことなどできません。

アイデアのプロフェッショナルは、まず1人のよき人間であることを心がけましょう！

選び方スキル⑤「脳内プレゼン」法

「手足を切り取られても空手の訓練は可能だ！　イメージ・トレーニングも重要な意味を持つ」

『軍鶏《しゃも》』（双葉社）という空手漫画に出てくる名台詞です。実際に手足を動かすことだけではなく、頭でイメージすることも上達につながることを、わかりやすく表現しています。

スポーツの世界で活用されているイメージ・トレーニングですが、実はアイデア選びにも役立ちます。

まず満員御礼の大会場で、ステージに立っている自分を想像してください。オーディエンスはあなたのプレゼンテーションを今か今かと心待ちにしています。

このイメージは具体的であればあるほど有効です。

「ＴＥＤ」での講演や、スティーブ・ジョブズの新製品発表会など、憧れのビジネスパーソンのプレゼンを思い浮かべ、なりきりましょう。脳内ですから、なにをやっても自由です。世界のリーダーのようにカリスマ性を発揮して、オーディエンスにあなたの最高のアイデアを発表してください。

このとき「あれ……おかしいな……」と、感じることがあります。

いいアイデアのはずなのに、なんだか気恥ずかしい。イメージが広がらない。自信を持ってプレゼンできない。これは、**アイデアがダメな証拠**です。たとえ会場が高級でも、スライドがオシャレも、プレゼンターがスターでも、ダメなアイデアをよく見せることは絶対にできません。むしろ環境とのギャップで、アイデアのダメさが際立ちます。

怖い上司やクライアントになりきってみるのも効果的です。厳しいあの人だったら、どう評価するのだろうと想像するのです。こちらもなるべく具体的に、実在の誰かをイメージするのがいいですね。シチュエーションも会社やクライアントの会議室など、細部までイメージしてください。

もし、それでも自信を持ってプレゼンできたら、アイデアが優れている可能性大です。

観客をイメージしながら「脳内プレゼン」

この「脳内プレゼン」は、会議や実際のプレゼンの予行演習にもなります。

よく「全然つまんないんですけど……」などと前置きしてスベったときの保険をかける人がいますが、感心しません。態度が卑屈だと、アイデアまで卑屈に見えます。

胸を張って、堂々と見せましょう。スベったってかまいません。

いい悪い以前に、「アイデアを出す」という行為そのものが尊いのですから。

選び方スキル⑥
寝かせる

アイデアをたくさん考えていると精神が高揚して、次々と出続ける状態になることがあります。マラソン選手は「ランナーズ・ハイ」という陶酔状態になることが知られていますが、近い感覚なのかもしれません。本書ではこれを**「アイデア・ハイ」**と呼ぶことにします。

アイデア・ハイの状態に持ち込むことができるようになれば、一人前になった証拠です。100案考えるのが楽になるわけではないのですが、心地いい疲労感を味わえるようになります。

しかし、ここに厄介な問題があります。**アイデア・ハイは、どんどん案を出すためには有効なのですが、1案を選ぶ段階では邪魔にしかならない**のです。

アイデア・ハイは一種の陶酔状態です。創造的になる反面、冷静な判断能力は鈍ります。次から次へと出てくるアイデアが、すべて最高に感じられてしまうのです。この感覚のままアイデア会議に臨むと、ほとんどの場合、撃沈します。

新人時代の僕のアイデアなんてヒドいものばかりですが、「なぜ、このよさが理解されないんだ⁉」と不満だったことは先述しました。

当時の僕の間違いは、アイデア・ハイのままアイデアを選び、会議に臨んでいたことにあります。

アイデア出しの作業が終わったら、判断能力が戻るまで精神をクールダウンする時間を取ってください。具体的には、

1　アイデアを出す
2　寝かせる
3　アイデアを選ぶ

という3ステップを、作業フローに組み入れるのです。100案出たその勢いで1案を

選んではいけません。

寝かせる具体的な方法としては、全然関係ないことをするのがオススメです。掃除、皿洗い、整理整頓といった単純作業は、脳をリセットする効果が高いですし、読書や映画などの気分転換もいいでしょう。また、実際に「寝る」ことには、絶大な効果があります。

時間を置いてから見ると、ほとんどの案は輝きを失ってしまうでしょう。個人的な経験からは、アイデア・ハイで出した案がよかったことは少ないと感じています。もったいない気もしますが、それが自然なこと。数多く出せば、確実にいいアイデアに近づいているのですから、気にすることはありません。

寝かせる必要があるということは、**アイデアのことばかり考えていてはいけない**、ということでもあります。家族や友人と過ごし、食事を楽しみ、家事もこなし、ぐっすり寝る。つまり、豊かな人生を送ることが、いいアイデアを選ぶことにつながるのです。

選び方スキル⑦
捨てる

「A案で行きましょう。でも、B案も捨てがたいですね。A案と合体できないでしょうか?」プレゼン後、クライアントからこんなフィードバックを受けることがあります。僕たちが困ってしまう事態の代表例です（笑）。

いいアイデアには、かならず偏りがあります。偏りがあると、合議制の場では意見が分かれます。結果、決断ができないので、AとBを足して、誰も不幸にならないようにしよう……となるわけです。

しかし、iPhoneが発売されたばかりのころを思い出してください。タッチスクリーンでのフリック入力は、キーボード入力に比べて使いづらく感じられました。でも、ここで小型のキーボードを追加してしまったら、iPhoneはiPhoneではなくなっていたでしょう。

「アイデアとは既存の要素の組み合わせ」だと説明してきました。だからこそ、**何を組み合わせて、何を組み合わせないかの判断が重要**なのです。

１００案の中からいい１案を選んだあと、選ばなかった99案の中に、捨てがたい要素を見出すこともあるでしょう。しかし、**心を鬼にして、バッサリと捨てる**ようにしてください。捨てないと、どういうことが起きるのか？

わかりやすい例をもう１つ、『夏の夜の夢』というシェイクスピアの作品から紹介しましょう。妖精のイタズラで人間の三角関係がややこしいトラブルに発展する喜劇です。

次に紹介するのは、結婚式で披露する『悲しい喜劇　ピラマスとシスビーのむごたらしい死』という演劇について、演じる職人たちが打ち合わせをする場面です。

「なあピーター、おれは考えてみたんだが、この芝居、まずいところがあるんじゃないか。主人公のピラマスだが、こいつ、剣で自害するんだ。いくら芝居だって、剣で自害っていうのはどんなもんかな。見物のご婦人がたは卒倒するんじゃないか」

「なるほど、それもそうだな。たしかに、自害をするところを見せるのは、おだやかじゃない。自害する場面は芝居からけずるか」

「だけど、そこの場面をなくしたら、芝居がだいなしになってしまうんじゃないか。だって、芝居の題は、『悲しい喜劇　ピラマスとシスビーのむごたらしい死』だぞ。むごたらしい死なんていっていて、その場面をなしですませるっていうのは、どういうものかなぁ」

「たしかにそうだ。それで、おれにちょっと考えがあるんだ。ご婦人がたを卒倒させないための手を考えた。

芝居の前口上で、『この芝居には剣で自害する場面がありますが、それは、ほんとうに剣を胸に刺すのではありません。刺すふりだけです。だからご安心ください。剣だって、本物ではありません。演じるのは機屋《はたや》のニック・ボトムですから、本物の剣なんか持っているわけがありません。ニック・ボトムのうちにあるのは、せいざい、パンを切るナイフくらいものです。だから、ご安心ください』ってな」

「それはいい考えだ。そうしよう」

「おれも仕事中、考えたんだ。スナッグさんのライオンだがよ。いくら着ぐるみを着ていても、ライオンが出てきて、『ガオーッ』と吠えたけったら、ご婦人がたはおっかながるんじゃないかな」

「たしかにこわがるな。では、こうしよう。まず。ライオンの着ぐるみだが、口を大きく開けてつくり、そこからスナッグさんの顔が見えるようにする。そのうえで、スナッグさんにこういってもらうんだ。『これから、この指物師《さしものし》のスナッグがライオン役の都合上、〝ガオーッ！〟と吠えますが、ごらんのとおり、ライオンではなく、このわたし、指物師のスナッグが吠えるのでありまして、ご心配にはおよびません。もし、このわたしがほんとうに、ライオンになってしまったと思われましたら、それは大きなまちがいです。わたしはライオンになどなってはおりません。いえ、役の上ではたしかにライオンになってありますが、ほんとうはちがうのです。この指物師のスナッグ、神様にかけて誓いますが、ほかの役者たち同様、人間であります』ってな」

「ライオンについちゃあ、おれも気になっていたんだが、なるほど、それはいい。ほっとしたぜ」

（『夏の夜の夢』（あすなろ書房、斉藤洋・訳）より一部省略の上、引用）

冗談のようにも思えますが、社会人なら誰もが一度は、こういう打ち合わせを経験しているのではないでしょうか。

「アイデアのプロフェッショナルは、よき人間であれ」と書きました。しかし、最終的な判断を下すときだけは、リチャード3世のような「冷徹な君主」になってください。

1案を選んだら、残りの99案は切り捨てましょう。

①「共感」と「発見」――「好き嫌い」ではなく、自分なりの基準を持とう。

②「長所・短所」で選ばない――「あら探し」は百害あって一利なし。

③人の意見を鵜呑みにする――批判は全部受け止めるのが吉。

④外野に見せる――利害関係のない「部外者」に見せてみよう。

⑤「脳内プレゼン」法――スティーブ・ジョブズやイーロン・マスクになったつもりで！

⑥寝かせる――「これしかない！」というハイな気持ちを落ち着けよう。

⑦捨てる――「AとBのいいとこどり」をしようと考えてはいけない。

5——実践編「100案思考」でここまで広がる

指令「デリバリー用の新メニューを開発せよ」

ここまでで、僕の知っているアイデア出しのスキルはすべて書きました。特別なツールはいっさい不要で、われながら拍子抜けするくらい普通だと思います（笑）。

しかし、本を読んでできる気になっても、いざやってみるとうまくいかないのが現実です。スキルは実践して初めて自分のものとして身につきます。

そこで、本章ではインプット、アイデア出し、アイデア選びのフローを紙上でシミュレーションしていきましょう。読み終わるころには、「自分の考えを仕事にする」ということが、具体的に理解していただけると思います。

＊　＊　＊

あなたは総合食品メーカーで働く、４年目新規開発チームメンバーです。まだまだ下っ端ですが仕事にも慣れてきて、「アイデアを出して、プレゼンして、修正して、完成させる」

というプロセスは理解しています。

上司もそろそろ独り立ちしていいころだと考え、初めてプロジェクトを任せてもらえることになりました。

担当するのは、「ハンドレッド・バーガー」というハンバーガーショップ。仕事内容は「デリバリー用の新メニューのアイデアを開発する」というものです。

コロナ禍でのステイホームで脚光を浴びたフードデリバリーを、ハンドレッド・バーガーも導入することにしました。しかし、思うようにいきません。ハンドレッド・バーガーのハンバーガーは店内で時間をかけて食べることを想定した、分厚いつくりでした。そのため、デリバリーの振動で到着したらグチャグチャに型崩れしていた……という事態が相次いだのです。通常より薄いハンバーガーも開発したのですが、分厚いバーガーがお店のトレードマークだったので評判はいまいちです。

加えて創業して10年がたち、成長も鈍化してきました。デリバリーを別にしても、そろそろ新メニューを開発したほうがいい。そう経営陣が判断し、あなたがいる部署にお鉢が回ってきました。

……というのが、バックストーリーです。さぁ、始めてみましょう。

まずは、ここからインプット

初めて任された仕事に、あなたは大張り切りです。しかし、思い出してください。いきなりアイデアを出してはいけません。**まずはインプットから始めましょう。**

ハンバーガーのアイデアを出すのだから、まずはハンバーガーの歴史を調べることにします。

グーグルで検索すると「一般社団法人ハンバーグ・ハンバーガー協会」のサイトにその起源が紹介されていました。ハンバーグのもとになったのは、モンゴロイド系の騎馬民族タルタル人が食べていた生肉料理だといわれています。

タルタル人は、移動や戦いに使う馬を食料にもしていました。その際、固く筋張った肉を食べやすくするために、みじん切りにして、玉ネギやコショウなどの香辛料で味つけしていたのです。

これがドイツに伝わり、牛肉・豚肉の合びき肉に香辛料や玉ネギ、つなぎのパン粉が入った、僕たちが知るハンバーグの形になっていきます。

18～20世紀前半に多くのドイツ人がハンブルク港から船出し、アメリカに移住しました。そして、ドイツ系移民がよく食べているひき肉料理が、アメリカで「ハンブルク・ステーキ」と呼ばれるようになったのです。

これが「ハンバーグ」という名前の由来とされています。少し調べるだけで、身近な家庭料理にも、国家や民族を巻き込んだ壮大なドラマがあることがわかります。

ハンバーグがハンバーガーに変化した経緯は、諸説あります。よく知られているのは、1904年のセントルイス万国博覧会で、〝ハンバーガー〟として丸いパンにハンバーグを挟《はさ》んで売り出したのが始まりという説です。

この博覧会では、アイスクリームのコーンも登場しました。食器を使わず、博覧会を見物しながら食べられるものが求められたのかもしれません。

1948年にはマクドナルド兄弟がハンバーガーの代名詞ともいわれる「マクドナルド」を開業しました。当時のアメリカでは、ドライブ・イン・レストランが流行していました。ターゲットは、自動車に乗るようになった若者たちです。どのお店も若い美人をウェイトレスに雇い、熱心に集客しました。しかし、血気盛んな若者相手のビジネスは、効率的ではなかったようです。ウェイトレス目当てで長時間滞在するので回転率は悪く、食器は散らかし放題だったといいます。
こうした状況にウンザリしたマクドナルド兄弟は、ハンバーガーを紙に包んで売り出すことを思いつきます。そのまま手で食べるので食器不要。さらにセルフサービス式にして、ウェイトレスも不要に。食べたらすぐに帰るので回転率もアップ。**それまでのドライブインの欠点がすべて解消され、大成功した**のです。

ハンバーガー誕生には、人々の生活様式の変化が深くかかわっていることがわかりました。「新しい生活様式」などという言葉が流行っている今こそ、新しいメニューをヒットさせるチャンスなのかもしれません。

ひととおりの情報をググったあなたは、それだけでは物足りなくなり、他の情報源にも当たることにしました。

自治体の図書館に出かけて、関連書籍を借りてきました。動画配信サービスをのぞいてみると『ファウンダー　ハンバーガー帝国のヒミツ』という、「マクドナルド」のフランチャイズ化を成功させた経営者の伝記映画があったのでチェックしました。

それまで特に思い入れのなかった「ハンバーガー」という食べ物に、いつのまにか興味津々になっている自分に気づきます。**この状態まで自分を持っていけたらインプットは成**

功です。

先述したとおり、僕のオススメは、**企画に使える時間のうち8割をインプットに当て、残りでアイデアを出す**ことです。限られた時間の中、少しでも早くアイデアを出したい気持ちはわかりますが、グッと我慢してください。

インプットが不十分なままアイデア出しに臨むと、なにも頭に浮かばず、確実に時間を浪費することになります。

アイデア出しとは「書くこと」だ

まだまだインプットしたいことはありますが、締め切りも迫ってきました。いよいよアイデア出しに移ることにします。

くり返し書いてきたように、アイデア出しとは、書くことです。

腕を組んで頭の中で考えているだけでは、決してアイデアを出すことはできません。使う道具はノートやスマホのメモ、Ｗｏｒｄなど、なんでもＯＫです。チラシの裏側だってかまいません（先述したように、高級ノートより意外とはかどります）。

書いて、文字にして、初めてアイデアはアイデアになるのです。

「100案考える」とはどういうことなのかを具体的につかんでいただくために、実際に「ハンバーガーの新メニュー」を100案出してみます。面倒くさければ読み飛ばしていただいてけっこうです。この時点では量が最優先で、質や実現性は度外視していいことだけ、頭に入れておいてください。

もしあなたがハンバーガー・ショップを経営していて、実際に販売したいメニューがあったら、ぜひ筆者までご連絡ください(笑)。

「新しいハンバーガーのアイデアを100案考えてみた」

会社が抱えている課題点を、改めてまとめておきます。

1　デリバリーに適したハンバーガーにしたい
2　今までの自社のハンバーガーのイメージを刷新したい

という2点が求められていましたね。しかし、この段階ではまずはなにも考えず、どんどんと思いついたことを書き出してみます。

パンとバンズを別売りにする　**串刺しハンバーガー**
ミニ・ハンバーガー　圧縮ハンバーガー

しかし、わずか4案出しただけで、頭が固まってしまいました！　そこであなたは**「アイデアスキル⑮　ひっくり返せ」**を使ってみることにします。今まで「当たり前」だとされていたことも、いったんゼロベースに戻して考えてみましょう。
「デリバリー専用のメニュー」という課題をひっくり返して、「現行メニューのまま、デリバリー方法を刷新する」にすると……

デリバリー用の専用容器を開発　ハンバーガーデリバリー専用のバイクを開発
型崩れしていたら返金キャンペーン　**近距離限定ハンバーガー**

追加で4案出せました。この方向性は、これ以上広がりそうもありません。今度は先ほどのインプットの内容から発想してみます。

復刻版・騎馬民族のハンバーガー　馬肉ハンバーガー
復刻版・ハンブルクのハンバーガー

次は**「アイデアスキル⑬　組み合わせろ」**を使います。ハンバーガー以外の食品とハンバーガーを組み合わせてみました。

フリーズドライ・ハンバーガー　ご飯バーガー
四角いハンバーガー　冷めてもおいしいハンバーガー
おはしで食べるハンバーガー　ナイフとフォークで食べるハンバーガー

慣れてきたことと、**「ふせん」も「パワポ」も使わず、スマホのメモアプリに打ち込んだため、**一気に6案も増やせました。しかし、どれも具体性に欠けています。そこで**「アイデアスキル⑧　視点を変えろ」**を使ってみましょう。これまでは「ハンバーガー・ショップの経営者視点」でアイデアを出してきましたが、今度は「お客さん視点」に切り替えてみます。

ただ「お客さん」と漠然と意識するだけでは、十分でありません。自分自身や家族、友人、恋人など、具体的な「誰か」になりきってみてください。

たとえばあなたのまわりに、スイーツ大好きな人がいたとします。彼／彼女なら、どんなハンバーガーをデリバリーするでしょう？

甘いデザート・ハンバーガー
アイスクリーム・ハンバーガー
あんこハンバーガー
生クリーム・ハンバーガー
はちみつハンバーガー
タピオカ・ハンバーガー
マカロン・ハンバーガー
焼きいもハンバーガー
チョコレート・ハンバーガー
ケーキ・ハンバーガー
カスタードクリーム・ハンバーガー
フルーツ・ハンバーガー
メープルシロップ・ハンバーガー
綿菓子ハンバーガー
オレオ・ハンバーガー

たちまち15案も増えました。え、どれもデリバリー向きじゃないし、マズそう？（笑）

それでいいのです。**「質や実現性は度外視」**という鉄則を思い出してください。
スイーツ好きとは正反対に、ヘルシー志向の人もいるでしょう。そういう人たちが注文しそうなハンバーガーも書き出してみます。

超薄型ハンバーガー
肉なしハンバーガー
魚肉ハンバーガー
かまぼこハンバーガー
大豆ミート・ハンバーガー
味けが塩コショウだけのシンプル・ハンバーガー
無農薬ハンバーガー
フェアトレード・ハンバーガー
ジビエ・ハンバーガー

ヘルシーな自然の食材のうち、ハンバーガーに使われなさそうな食材も「組み合わせて」みます。

昆虫食ハンバーガー
こおろぎハンバーガー
ミミズ・ハンバーガー
サラダ・ハンバーガー

「昆虫食バーガー」なんていう、壮絶なアイデアが出てきました。珍メニューにも思えますが、昆虫は栄養価が高く飼育も容易なため、未来の食材として注目されているそうです。

同じく「珍メニュー」という切り口で、発想を広げてみましょう。

飲むハンバーガー
天ぷらハンバーガー
VRハンバーガー
ハンバーガー味のキャンディ
紅白ハンバーガー
激辛ハンバーガー
わさびハンバーガー
カレーライス・ハンバーガー
ラーメン・ハンバーガー

ハンバーガー・シェイク
ハンバーガーの天ぷら
ハンバーガー味のタブレット
カロリーメイト・ハンバーガー
バインミー・ハンバーガー
激すっぱハンバーガー
レインボー・ハンバーガー（パステルカラーに着色）
角煮ハンバーガー
牛1頭まるまる使ったジャンボ・ハンバーガー

一気にアイデアが増えました。どうも、「アイデア・ハイ」に入ったようです。その分、変なアイデアばかりになっていますが（笑）、それでいいのです。このままにして、選ぶ段階になったら考えましょう。

アイデアスキルの「視点を変えろ」は身近な人でなくてもかまいません。有名人や歴史上の偉人、架空のキャラクターでもOKです。

ここでは先に登場した世界トップの大富豪の1人、ビル・ゲイツになりきってみましょう。総資産額12兆円の男は、どんなハンバーガーをデリバリーするのか?

デリバリーカーがランボルギーニ　　自家用ジェットでデリバリー
白馬でデリバリー　　100万円ハンバーガー
松阪牛ハンバーガー　　金箔ハンバーガー
フォアグラ・ハンバーガー

「視点」は人間でなくてもかまいません。「動物」でやってみましょう。

犬用ハンバーガー（※ペットフード）　　猫用ハンバーガー
うさぎ用ハンバーガー　　フェレット用ハンバーガー

ここまでで74案も出すことができました。１００案まであと少し！

次に、**「アイデアスキル⑨　自分インタビュー」**を使ってみましょう。インタビュアーになりきって、自分に質問を投げてみる方法です。

Q　あなたは、フードデリバリーでどんなハンバーガーを食べたいですか？
「うーん……デリバリーでは注文しないかもしれないですね」

Q　それはなぜ？
「もともと神経質な性格なので、デリバリーそのものに抵抗があるんです」（**「アイデアスキル⑭　ネガティブ発想」**を使っています）

Q　なるほど。では、信頼できる配達員なら、いいのですね？
「それは、そうですね」

Q　信頼できる配達員って、たとえば誰でしょう？

「そうですねぇ。お店の店長なら、信頼できますよね」

Q　いいですね！　他には？

「信頼とは少し違うけど、推しのアイドルが届けてくれたらうれしいかな。ロボットやヒーローが配達してくれるのもおもしろそう。ハロウィンであれば配達員がコスプレしてたり、クリスマスにサンタが来てもいいですよね」

店長みずから配達するハンバーガー　ロボットが配達するハンバーガー
ヒーローが配達するハンバーガー　ハロウィン・ハンバーガー
クリスマス・ハンバーガー

Q　では、信頼できる配達員が届けてくれるとしましょう。その場合、どんなハンバーガーが食べたいですか？

「高級ハンバーガーって、デカくて食べごたえあるのはいいけど、手が汚れるじゃないですか？　あれがイヤなんです」（**［アイデアスキル⑭　ネガティブ発想］**）

「使い捨ての専用手袋があると便利かもですね。あとは、ひと口で食べられるバーガーが5、6個セットになっているとか。そもそも、縦に細長かったら、型崩れしないし食べやすそうですよね。ホットドッグみたいな感じで」

専用手袋つきハンバーガー　　ひと口サイズ・ハンバーガー
ロングサイズ・ハンバーガー

Q　それではデリバリーでなくてもいいので、これまで食べて印象に残ったハンバーガーは？
「オランダ旅行をしたときに食べた、ニシンのサンドイッチには驚きましたね。生魚をパンで挟むなんて……と。魚のフライのハンバーガーは多いですが、生魚のバーガーがあったら、おもしろいですね。温めなくていいから、意外とデリバリー向きかもしれません。あと、お米のバンズを使えば、寿司になりますね」

にしんハンバーガー　　いわしハンバーガー
ぶりハンバーガー　　カツオ・ハンバーガー
白子ハンバーガー　　しらすハンバーガー

中トロ・ハンバーガー　大トロ・ハンバーガー
いくらハンバーガー　うにハンバーガー
えんがわハンバーガー　鯛《たい》ハンバーガー
蛸《たこ》ハンバーガー　イカ・ハンバーガー
あなごハンバーガー　赤貝ハンバーガー
あわびハンバーガー　ほたてハンバーガー

「アイデアスキル⑩　類語辞典を使え」で魚の名前を調べ、18案も出すことができました。

これで１００案、出そろいました！　腕を組んで悶々としているだけでは1案出すのも大変ですが、アイデアスキルを使って書き出していけば、意外と簡単です。

もっと続けることもできますが、だいぶ苦しいものも増えてきたので（笑）、このあたりで止めておきましょう……。

最後は〝課題点〟に戻って選ぶ

あとはプレゼンする案を選ぶだけです。ここで「角煮ハンバーガーはおいしそう。これだ！」……などと、**好き嫌いで判断してはいけません。**

ここでもう一度、会社からの課題点（＝基準）に戻りましょう。

1　デリバリーに適したハンバーガーにしたい

2　今までの自社のハンバーガーのイメージを刷新したい

この2点を踏まえつつ、出そろった100案の中から次の案を選んでみました。

◇串刺しハンバーガー

ハンバーガーのメニューを串で刺して、型崩れを防ぎます。インスタ映えする凝ったデザインの串を使えば、PR効果も狙えそう。

◇超薄型ハンバーガー
ハンバーガーは分厚いほどいいという当たり前をひっくり返した、薄さによる新食感を追求したメニューです。これまでハンバーガー・ショップが取りこぼしていた、ヘルシー志向の顧客をターゲットにします。

◇寿司バーガー
温める必要がなく、運びやすい。フード・デリバリーが流行する前から、お寿司は出前で人気のメニューでした。

3案、それぞれ着眼点も違い、バランスのとれた提案になりました。あとはアイデア会議でプレゼンし、周囲のフィードバックを受けながら商品発売に向けて作業することになります（本当はここからが本番なのですが、本書のテーマから外れるので、またの機会にお話しします）。
プレゼンしなかった案を見ると、デリバリー向きではないものの、他のキャンペーンに使えそうなものがあります。

「クリスマス・ハンバーガー」
「デザート・ハンバーガー」
「犬（ペット）用ハンバーガー」

などなど……。**こうしたアイデアのストックができるのも、１００案出しておくメリットの１つ**です。

過去のボツ案をストックしておき、機が熟したタイミングであらためて実施した経験がある人は多いと思います。

忙しくてどうしてもアイデア出しの時間が取れないときにも、ストックが役に立ちます。

今、１００案考えておくことが、未来の自分を助けてくれることがあるのです。

［対談］

考えろ。工夫しろ。アイデアを出せ

三浦崇宏 × 橋口幸生

©杉山拓也

©広光

ケンドリック・ラマーの国会議事堂前駅「黒塗り広告」や
『キングダム』の「今、一番売れている、ビジネス書」キャンペーンなど。
従来の広告の枠を超えたクリエイティブで注目を集めているのが、
「The Breakthrough Company GO」の創業者であり、
PR／クリエイティブ・ディレクターの三浦崇宏《みうらたかひろ》さんです。
100案出す重要性やその方法論、インプット手法など、
あらゆる仕事や毎日の生活に活かせる「パンチライン」満載の
お話をうかがいました。

なぜ、100案考えなくてはいけないのか?

三浦崇宏（以下三浦）：広告業界ではコピーを100案書くらしい……というのは、都市伝説みたいになっていて、本当はやってないだろうと思われていますよね。本当にやっているし、大事なんですけど。

橋口幸生（以下橋口）：たまにアイデアのワークショップをやると、1案だけ持ってきて、採用されずふてくされる人が結構いるんです。

三浦　お前何様なんだって話ですよね（笑）。お前は神か！　っていうね。

橋口　「とにかく100案考えて、1案でもいいものがあれば、それでいい」という発想をする人は意外と少ないと思います。

三浦　**アイデアって特別なタイミングで、特別なやり方があって出せるものだと思われていますけど、全然そんなことはないんです。**僕らのようなアイデアのプロも、日々困りながら、頭を悩ませながらなんとかひねり出している。

そのひねり出し方はたくさんあって、人によってはＫＪ法みたいな方法を使ったりしている。そういうものを紹介するアイデア本って、たくさんありますよね。

でも、ほとんどのアイデア本で、書かれていないことがあるんです。**それは、どんな方法であっても、死ぬほどやらないといけないということ。**このすごく単純なことを、みんな隠しているんです。楽してアイデアが出るというふうにしたいから。世の中のアイデア本の著者全員が隠してきたことを白日のもとにさらしたのが、この本だと思います。

橋口　ありがとうございます。数を出すことについては、コピーライターとしての強烈な原体験があるんです。僕が社会人3、4年目に、数々のヒット広告を手がけている先輩コピーライターと仕事をしたときのことです。張り切って、それこそ100案のコピーを書いて、見てもらいました。そうしたら、**「橋口、俺も考えてきたんだけど、見てもらっていいかな?」と言って、自分が書いたコピーを30、40案その場に出したんです。**

三浦 めちゃめちゃいい話ですね。それはパフォーマンスじゃなくて、本当に素でやってるんですか?

橋口 素でやってるんですよ。これだけの人でも、こんなに努力しているのかと驚愕しました。自分みたいな下っ端は、もっと努力しないとなんの存在価値もなくなるぞと焦りました。

三浦 自分よりはるかに技術も経験もある人に、努力までされちゃったら、どうしようもないっていうことですよね。

僕も会社員時代に、量を出せというのは常識として言われていました。3、4人くらい若手がいたとして、みんな100案ずつ出しても、クライアントにプレゼンするのは5案くらいで、世に出るのは1案。地獄のような多産多死型の状況なわけですよ。

だから僕は若手のころ、普通にやっていたら、自分のアイデアは形にならないと思ったんです。そこで100案出すのをやめて、1案にしたことがあります。ただし、その1案については戦略から、コアアイデア、CM企画、PRなど全部をそろった企画書として持っていったんです。そうすると、「とりあえず、この企画書に1回はめてみる?」となるんですよ。

もちろん、企画書がそのままプレゼンされるわけではなく、いろいろ入れ替わります。でも、どこかで僕の遺伝子が残っているし、主導権を握れるんです。若いときは、そんなやり方をしていました。

橋口　それはアウトプットが１００案じゃないというだけで、考える量は大変なものがありますね。

三浦　巨匠といわれるようなクリエイターだと、さすがにアイデア会議に１００案は出さない。でも、自分の中で１００案なり何万案なり考えて、選んでいるんですよね。

巨匠は若手と違って１００案の中からいい１案を自分で選べるというだけなんです。

橋口　巨匠になっても、打ち合わせに数十案持ってくる人はいますよね。**「自分はフィーが高いから、サービスとしてやる」**と言っている人を見たことがあります。

三浦　その言い方がかっこいいですね。そう、ベテランでもいいコピーライターで20、30案、最初から持ってくる人は普通にいますよね。

橋口　三浦さんには１００案出すための、なにかスキルはありますか？

三浦　若手には**「１００人の大切な人に書け」**って言います。例えばお母さん、彼女、元カノ、友だち、先輩、お世話になった上司など、その１００人全員を仕留めるつもりで書けと。その人が絶対にこの商品を買ってくれるための言葉を考えろ、という言い方はよくしますね。

橋口　なるほどね。この本でも「視点を変えろ」という方法を紹介しています。やはり本質は同じなんですね。

利口ぶるな、バカになれ

三浦　**3章で紹介されている「自分インタビュー」は、すごく大事なポイントですね。**「自分」という、もっとも素直で本音を語ってくれる生活者のことを、みんな忘れがちなんです。自分がつくり手になった瞬間、生活者だった自分を忘れて、甘くなるんですよね。
ふだん家でテレビとか見てると「つまんねーCMだな」とか、「こんな商品、買うわけねーじゃん」とか偉そうに言うのに。だから、かっこつけてない生活者としての自分と、作り手の自分が対話するっていうのは、すごく大事なことです。

橋口　むしろ仕事になると消そうとしますよね、本当の自分って。

三浦　そうそう、カッコつけて。**本当にやらなきゃいけないのは、自分自身とちゃんと向き合っておくこと。**

橋口　自分と向き合うって、決してカッコよくはなくて、泥臭い行為。だから僕は、おしゃれなチャートを埋めていって、色とりどりのふせんを壁に貼って……というやり方には懐疑的なんです。

三浦　本当に。ふせんとか、画像とか。若いヤツがダラダラと20枚くらい前段のスライドをつくってくるので、「こういうのはいらないから、いいからアイデアを出せ！　アイデアを！」って言って、怒ることはよくあります。

橋口　三浦さんが著書『超クリエイティブ』（文藝春秋）で書いていた発想法では、**「社会・未来・人生」**がおもしろかったです。僕が会社で教わったのは**「商品」「競合」「消費者」「世の中」**という4つの切り口でした。
「未来」というのは三浦さんの独自性だし、今後、どんなビジネスパーソンも意識する必要があると思っています。

三浦　ありがとうございます。僕たちが意識しているのは、新しい商品を担当するときに**「10年前に『メルカリ』を担当する気持ちになれ」**ということです。今では、メルカリはみんな使っている人気アプリで、リセール市場ができ上がっています。

若い人はメルカリで売るといくらになるか、ということまで考えて買い物をするようになっていますよね。さらに世界進出もして、スーパーボウルでCMを流すまでに成長しました。でも、10年前にこの状況を想像できた人はほとんどいないと思うんです。

クライアントの経営者だけが、信念を持ってがんばっていた。それを一緒に信じて、並走した人々がいるから、今の成功があるんです。

どんな商品でもそれが普及する前提で考える。普及したときに社会がどう変わっているかを考えて、パートナーとして向き合わないといけない。GOの社員には、いつもそう言っています。

橋口　なるほど。目の前の仕事に汗を流していると、つい忘れてしまいがちな視点です。

三浦　**従来のビジネスモデル側にいると、新しいものを否定しがちじゃないですか。**「橋口さん、これって経験上、うまくいかないですよね」とか言って。他の人も「まぁ、そうだよね。でも、こういう使い方ならあるんじゃない？」とか返しちゃう。それで、しかたなく消極的に考えていくところがあると思うんですけど。

橋口　それは、ありますね。利口ぶって、ちょっと斜《しゃ》に構えた態度でいるというか。

三浦　そう。そこに対して、**いい意味でバカになって「この商品が広まったらどんなふうに世の中がよくなるか」と全肯定してみるんです。**

斜に構えると、どんどんアイデアが小さくなりますから。市場のど真ん中を取りにいくようなアイデアを考えるんだったら、普及する前提で考えようっていうのはよく言いますね。

橋口　いわゆるスタークリエイターといわれていても、斜に構えた人は多くないですか？

三浦　いいクリエイターってだいたい意地悪なん

ですよね。世の中の裏側が見える、という意味で。**クリエイターには3種類のタイプがあると思います。**

まずは「意地悪」。どこかのカフェでみんなが「おいしいね！」って話しているときに「でもこの飲み物のせいで、発展途上国の子どもたちがすげぇ苦労してるんだよ」って言っちゃうヤツです。要は、みんなが気づかない裏側が見えている、ということですね。

あとは「下品」。カフェで「これ、10円値引きしてもらえませんか？」みたいに、みんなが言えないことを言えちゃうヤツ。

最後は「自己中」。みんながカフェでおいしいねって言ってるときに「生クリームをソイに変えてください」って頼んじゃうヤツ。自分の欲望をつらぬく。

「意地悪」「下品」「自己中」 この3つくらいに分類されるんじゃないかなと。

橋口 それでいうと、僕は完全に1番目です（笑）。

この本でも「ネガティブ発想」というスキルを紹介しています。でも、最近その要素を、人前では出さないようにしています。

三浦 そうなんですか？

橋口 はい。僕が斜に構えていると、まわりの人にも広がるから、すごくよくないと思ったんです。

スタークリエイターで斜に構えている系の人は、表面上ではいろいろ言っても、心の中では商品を肯定している。でも、その表面上の態度だけをなぞっちゃうことって、けっこう多いと思うんです。

忙しい人のためのインプット法

橋口 この本ではいきなりアイデアを出そうとしても無理だから、まずインプットしようという提案をしています。三浦さんのインプット術があれば教えてください。

三浦　課題意識を持っていると、インプット体質に変わると思います。

たとえば朝、奥さんとケンカして離婚するぞって揉めた瞬間、週刊誌の中吊りの不倫の記事や、弁護士の広告に気づくとか。毎日電車に乗っているのにそれまでは見えなかったものが、見えるようになる。

僕の場合はGOの社長として、担当クライアントのことを課題意識として持っています。コンビニ、飲料会社、文具メーカー、IT系のスタートアップなど。いろんなものを売らなきゃいけないと思っておくと、視点が変わりますね。あ、これなにかに使えるんじゃないか……とか。

あと、この業界とこの業界の、この部分は同じだなという感じで、世界に対する向き合い方が変わります。

もう1つは、本は読まないといけないという使命感があります。スマホって本当に時間泥棒だから、スマホをいじらないで本を読むって決めていますね。大量に買って、パラパラっと1、2章読んでバイブスが合わないなと思ったら。すぐやめちゃうようにしてます。最近は。

橋口　その読み方はいいですね。パラパラ読んで合わなかったらすぐにやめて、1冊としてカウントしちゃうっていうのは。

僕は多読に憧れがあって、ノウハウ本もこっそり読むんですけど、一度もできた試しがないんです。

三浦　ビジネスパーソンの必読書的なベストセラーってあるじゃないですか。ああいうのもパラッと読んで、合わなかったらすぐやめちゃいますね。しょうがないと思って。

橋口　映画や配信ドラマなどはどうですか？

三浦　僕ね、映像はほとんど、あきらめています。CMはめちゃくちゃ見てますけど。映像まで手を出すと、時間がまったくなくなるので。

橋口　Chromeの拡張機能でビデオスピードコントローラーっていう、倍速で映像を見れるものがあるんです。流行り物のドラマなどを仕事として押さえたい場合は、よく使ってますね。せっかちなので、展開が遅い恋愛ドラマなんかは6倍速で見ます（笑）。

　会議などもリモートで録画が残るようになったので、つまらないと思ったら欠席して、後から録画を6倍速で見ます。

三浦　今、仕事という最大の趣味に時間を奪われ、さらにソーシャルメディアに時間を奪われながら生きていくわけです。あらゆるものを網羅《もうら》して生きていくのは難しいですね。

橋口　自分の強みややりたいことを踏まえて、どこかで何かをあきらめる必要はありますよね。

三浦　本ってインタラクティブなんですよね。絶対に一定以上良質なものだし、好きなページから読めるし、持ち歩けるし、書き込めるし、いざとなったら捨てられる。今のところ本が僕にとってはいちばんの情報源だし、コスパもいいなぁと思っています。

「すべてに工夫をする」とは

三浦　僕と橋口さんの意外な共通点で、RHYME《ライム》STER《スター》というラップグループのファンということがあります。彼らに『K.U.F.U』っていう名曲があるんです。要は「工夫しろ」と。

　なぜお前らは、目の前にあるものを、目の前にあるままにやるんだと。ちょっとでも楽することや、よくすることを考えろと。その考えた結果の中で、有効なものを人はアイデアと呼ぶんです。

　アイデアは、あらゆる仕事とあらゆる人生にとって、重要だと思っています。

橋口　RHYMESTERが「工夫」って言っているのは、**「天才じゃないんだから工夫するしかない」**っていう文脈なんです。天才は工夫しなくてもいいかもしれない。でも、持ってない人間は工夫するしかない。

天才なんて1000人に1人くらいしかいないんだから、ほとんどの人は工夫しないといけないはずなんです。アイデアを工夫と解釈すると、あらゆる仕事に必要なものであることがわかると思います。

三浦　**高校時代、柔道部の監督に、強くなるためには考えなきゃダメだってずっと言われました。**僕は体も小さかったし練習量も足りなかったので、普通に戦っても勝てないんです。そこで考えて、総合格闘技とかレスリングの技を練習するようになりました。強い選手でも、知らない技には対処できないんですよ。それで全国大会出場くらいのレベルには行けました。

これも「工夫」であり、アイデアですよね。GOは広告会社としては小さいんですけど、大きな仕事をやらせていただいている。当時の「考えて勝つ」っていうことが、体質としてインプットされたんだと思っています。

橋口　どんな仕事をしていても、100点満点は取れない案件を担当することってありますよね。**そういうときは、せめて20点ではなく、40点を取ろうと考えています。**

活躍している人は、みんな同じですよね。知られるのは80点以上の仕事だから、気づかない人が多いんですけど。

多くの人は20点の仕事を担当させられると、開き直って0点を取るんです。でも、テスト勉強と一緒で、20点を40点にすることが、いつか100点を取ることにつながる。

僕なりの「考えて勝つ」は、そういうことですね。一見つまらない、報われない案件ほど、アイデアが必要だと思います。

あらゆる仕事は、アイデアしだいだ

三浦　たとえば青果店だったら、「この大根売るために、どんなアイデアが必要だろう?」とか。家庭教師だったら「この生徒の偏差値を上げるには、どうしたらいいんだろう?」とか。

アイデアっていうと、広告とかイノベーションだとか、大げさにとらえがちです。**でも僕は、あらゆる困難な課題をクリアするための手口を、アイデアと呼んでいます。**だから、アイデアが必要ない仕事って世の中にないと思っているんですよ。

橋口　僕もまったく同じ考えです。アイデアって、おもしろいCMを考えるとか、かっこいいポスターをつくるとか、そういうことではまったくない。

食品メーカーの人が食品ロスを削減するアイデアを出したり、教育関係の人であれば子どもが自分から宿題をしたくなるアイデアを出したり。

この対談がきっかけで、そんな変化が起きたらすごく素敵だなと思っています。今日はありがとうございました!

おわりに

仕事ができる人は、いつも「選択肢」を持っている

「仕方がない」

これは日本人の国民性を表すものとして、世界的に知られている言葉です。英語版「ウィキペディア」には〝Shikata ga nai〟という項目があり、その意味について詳細に触れられています。一部を引用します（和訳は筆者）。

日本人は、自分の力ではどうしようもない悲劇や不正に遭ったときでも威厳を保つために「仕方がない」という言葉を使う。フランス語の「セラヴィ」に似た意味だ。この言葉は日本をあつかった西洋の文献にも、しばしば紹介されている。

(中略)

「仕方がない」には、ネガティブな意味もある。日本人は社会的にも政治的にも、逆境に反応せず、受け入れてしまいがちなのだ。

コロナ禍以前から、日本は問題山積みでした。少子高齢化、国の借金、進まない女性の社会参加、ＩＴ化の遅れ、エネルギー問題などなど……。これまで以上に「仕方がない」という停滞感が漂っています。

しかし、日本社会の現状は、僕たち1人ひとりの自画像ともいえます。僕自身、新人時代は、1案しか持たずにアイデア会議に出席していました。そして、その1案が受け入れられないと「なぜ上司は僕の案を理解してくれないんだ」「仕方がない。これが組織なんだ」と、ふくれた挙げ句に、あきらめていました。

しかし、そんなことはないのです。いつだって選択肢はあるのです。１００案でも

１０００案でも出して、その中から1案を、覚悟を決めて選ぶしかないのです。そうすれば、必ず道は拓けます。

「仕方がない」と現状をただただ受け入れる社会から、選択肢にあふれた社会へ。

そんな変化に、本書がわずかでも貢献できるのであれば、筆者としてこれ以上の喜びはありません。

数多くの方々の力を借りて、本書を執筆することができました。

本書の企画から進行まで「仕方がない」とあきらめずにサポートしてくれたマガジンハウスの能井聡子さん。土日や年末年始の執筆を見守ってくれた妻と子どもたち。数多くコピーを書くことの大切さを教えてくれた、コピーライターの先輩方。

そして、１００冊どころじゃない数が出版されているアイデア本の中から、本書を手に取り、ここまで読んでくれた、あなたへ。

本当にありがとうございました。

図版　根本佐知子（梔図案室）
写真　iStock

100案思考

「書けない」「思いつかない」「通らない」がなくなる

発行日　2021年4月15日　第1刷発行

著　者　橋口幸生
発行者　鉄尾周一
発行所　株式会社マガジンハウス
〒104-8003
東京都中央区銀座3-13-10
書籍編集部　☎03-3545-7030
受注センター　☎049-275-1811

印刷・製本所　凸版印刷株式会社
ブックデザイン　トサカデザイン（戸倉 巌、小酒保子）

ISBN 978-4-8387-3149-7 C0030

マガジンハウスのホームページ　http://magazineworld.jp/